Stefan Mörsdorf

Wein, Mönch und Gesang · Auf den Jakobswegen durch Burgund

STEFAN MÖRSDORF

WEIN, MÖNCH UND GESANG

Auf den Jakobswegen durch Burgund

Bibliografische Information der Deutschen Nationalbibliothek

Die Deutsche Nationalbibliothek verzeichnet diese Publikation in der Deutschen Nationalbibliografie; detaillierte bibliografische Daten sind im Internet über http://dnb.d-nb.de abrufbar.

Edition Schaumberg, 1. Auflage, Februar 2024

Fotos: Stefan Mörsdorf u.a.

Titel, Karten, Gestaltung: Thomas Störmer, Marpingen

Lektorat: Stefan Mörsdorf

Schriften: Anna, Caslon

Druck: TZ Verlag & Print GmbH, Roßdorf

ISBN 978-3-910306-14-1

*Das Glück wohnt nicht im Besitze
und nicht im Golde,
das Glücksgefühl ist in der Seele zu Hause.*

DEMOKRIT (400 v. Chr.)

*Die Menschen jagen den Gütern,
nicht aber dem Guten nach.*

PAPST FRANZISKUS (2020)

ERSTES KAPITEL

ZWEITES KAPITEL

DRITTES KAPITEL

VIERTES KAPITEL

FÜNFTES KAPITEL

SECHSTES KAPITEL

SIEBTES KAPITEL

Charolles

ACHTES KAPITEL

Dijon
Arcelot
Marsannay-la-Côte
Gevrey-Chambertin
Vougeot
Nuits-Saint-Georges
Abbaye Notre-Dame
de Citeaux
CÔTE D'OR
SAÔNE
Beaune
Pommard
Meursault
Poligny-Montrachet
DOUBS
Santenay
Saint-Jean-
de-Vaux
Chalon-sur-Saône
Buxy
SEILLE
Saint-Gengoux-
le-Nationale
Tournus
Cormatin
Taizé
Cluny
SAÔNE
Matour
Solutré
Tramayes
Mâcon
BEAUJOLAIS

ERSTES KAPITEL,

in dem ich mit meinem Freund Heinz in die neue Pilgersaison starte und wir die geschichtsträchtige Herzogstadt Dijon durchqueren und ich schließlich in den Besitz eines rosafarbenen Ladekabels gelange …

Donnerstag, 11. April:

Von Arcelot nach Varois-et-Chaignot 5,3 Kilometer

Freitag, 12. April:

Von Varois-et-Chaignot nach Dijon 8,6 Kilometer

Samstag, 13.April:

Von Dijon nach Marsannay-sur-Côte 8,2 Kilometer

Menschen sind Gewohnheitstiere. Besonders wir Saarländer. »Alles, was im Saarland zum zweiten Mal stattfindet«, so pflegte Peter Müller schmunzelnd zu sagen,

Jede Pilgersaison beginnt mit einem Café unter den Arkaden von Pont-à-Mousson. Hier mit dem gastfreundlichen Patron Pierre.

»hat bereits eine lange Tradition.« Und so pflege ich die Tradition, meine Pilgerreisen mit einem Milchkaffee und einem Croissant in Pont-à-Mousson zu starten. Immer im gleichen Café, immer auf dem gleichen Stuhl, immer unter den Arkaden des Émile-Fortuné-Pouget-Platzes. Aufmerksame Leser meines Buches »Milane im Wind« werden sich erinnern, dass dieser Platz erst seit 2017 diesen Namen trägt. Zuvor hieß er »Place Duroc« und so ist er auch noch in den Straßenkarten verzeichnet. Benannt nach einem General Napoleons, der aus diesem lothringischen Kleinstädtchen stammte. Ich benannte den Platz kurzerhand um. Ich fand, dass dieser hübsche Platz besser nach dem ersten Gefallenen des Ersten Weltkrieges benannt sein sollte: Émile Fortuné Pouget. Auch er, ein Sohn dieser Gemeinde, der am 4. August 1914 fiel. Ihm wurde in den Kopf geschossen, als er die Grenze zwischen Frankreich und Deutschland bewachte. Die Umbenennung dieses Platzes hat sich in PAM, wie der Ort auf unzähligen Kanaldeckeln überall in Frankreich heißt, noch nicht herumgesprochen. Aber jedem, mit dem ich in den letzten Jahren dieses Straßencafé besuchte, habe von ich von dem Schicksal dieses lothringischen Jungen und der Umbenennung des Platzes erzählt. Immerhin ein gutes Dutzend meiner Freunde weiß Bescheid. Und Großes entsteht ja bekanntlich immer im Kleinen.

»Je me sens vachement bien«, sagen die Franzosen und meinen damit, dass sie sich pudelwohl fühlen. Egal ob Pudel oder Kuh, ich genieße die Situation, in der Frühlingssonne zu sitzen, dem Treiben auf dem Platz und den Passanten zuzuschauen und meinen Milchkaffee zu trinken. Gleich wird mir der Patron des Cafés ein Croissant bringen. Auch das hat bereits Tradition. Ich bestelle Milchkaffee und Croissant, er erklärt mir, dass er eigentlich keine Backwaren führt und schlägt nach einer kurzen Pause vor, dass er mir welche in der nächstgelegenen Boulangerie besorgt. Obwohl die Stühle in seinem Straßencafé gut besetzt sind und der Patron alle Hände voll zu tun hat, verlässt er dann sein Café und kehrt nach wenigen Minuten mit einem erbeuteten Croissant zurück. Klar, dass dieses knusprige Croissant nicht nur nach frischer Butter, sondern nach Hilfsbereitschaft und Gastfreundschaft schmeckt. Vachement bien!

Mein drittes Pilgerjahr.

Trotzdem sind Pilgern und Reisen noch längst nicht zur Routine für mich geworden. Wie vor jeder meiner großen Reisen bin ich auch jetzt angespannt und ein bisschen aufgeregt. Seit meiner Erkrankung schlägt

sich Aufregung in einer erhöhten Körperspannung nieder: Meine Spastik steigt an. Das wird sich in den nächsten Tagen wieder legen, so hoffe ich.
Die nächsten Tage werde ich von meinem Freund Heinz begleitet. Zum wiederholten Male. Mit einigem Stolz bemerkt er, dass er mich nun schon das vierte Mal begleitet und bezeichnet sich selbst als »den getreuen Eckhart«. Kurzerhand benenne ich ihn in den »getreuen Heinrich« um. Das mag er jedoch gar nicht hören. Er tadelt mich und ich muss ihm versprechen, ihn nicht wieder so zu nennen. Seine Begleitung gibt mir Sicherheit und hilft mir nach der langen Winterpause wieder in den Pilger-Modus zu finden. Allein schon, dass ich nicht selbst zu fahren brauche, ist eine große Erleichterung. Vor allem aber freue ich mich auf die guten und humorvollen Gespräche mit Heinz.
Vor uns auf dem kleinen Bistrotisch breite ich die Landkarte aus und zeige Heinz unsere Pilgerstrecke für die nächsten Tage. »Morgen und übermorgen werden wir Dijon durchqueren und dann entlang der Côte d'Or weiterlaufen.« Auch das Betrachten und Studieren der Landkarte gehört zu meinen ritualisierten Gewohnheiten. An langen trüben Wintertagen breite ich sie auf unserem großen Esszimmertisch aus, gönne mir einen heißen Kakao und rekonstruiere zurückliegende

Pilgeretappen oder plane neue. Und hier in Pont-à-Mousson gibt mir die Karte vor mir ein Gefühl von Freiheit und Abenteuer. Pathetisch? Vielleicht. Aber ich weiß, das Abenteuer geht weiter!
Eine weitere Gewohnheit: Der Besuch des kleinen Käseladens unter den Arkaden ist unverzichtbar. Noch be-

Auch der Kauf von Käse in der »Cremerie« gehört zum Auftakt jeder Pilgerreise.

vor ich die schwere dunkelrote Holztür öffne und eine helles Türglöckchen mein Kommen anzeigt, strömt mir kräftiger Käsegeruch entgegen. Hier bin ich richtig. Ich verharre noch einen Moment auf der schweren ausgetretenen Steinstufe und nehme die Gerüche in mir auf. Danke! Ein kurzes Dankgebet im eigentlichen Wortsinne zwischen Tür und Angel. Danke, dass ich wieder hier sein kann.

Der Laden selbst ist vollgestopft mit regionalen Produkten, auch ein gut sortiertes Weinregal fehlt nicht. Dominiert wird der Laden jedoch von einer reich bestückten Käsetheke. Meine Wahl steht jedoch schon fest. Auch hier ganz Gewohnheitstier nehme ich ein großes Stück »Langres« mit. Diesen cremigen Rohmilchkäse, der traditionell mit Marc de Champagne gewaschen wird, habe ich im vergangenen Jahr schätzen gelernt, als ich durch seine Ursprungsregion pilgerte. Außerdem einen staubtrockenen Ziegenkäse in länglicher Barrenform. »Heinz, hast du noch einen besonderen Käsewunsch?«, will ich von meinem Begleiter wissen. Aber Heinz teilt mir mit, dass er mir in Käsefragen blind vertraut. Wenigstens das!

Gewohnheiten, Traditionen, Rituale. Sie bedeuten mir viel. Nicht nur beim Pilgern pflege ich sie. Dabei meint Pilgern jedoch das krasse Gegenteil. Peregrinatio, die ursprüngliche lateinische Bezeichnung findet sich auch heute noch in dem spanischen Wort für Pilger »el peregrino« wieder. Im Wortsinne bedeutet sie, sich vom Acker zu machen, also Bewährtes und Vertrautes aufzugeben und sich auf die Socken zu machen, um in der Fremde Neuem zu begegnen. Die Pilger gaben zumindest für lange Zeit, manchmal sogar für immer Familie, Haus und Hof auf und begaben sich in die Fremde. Nein, das ist weder mein Weg, noch ist es mein Ziel. Und trotzdem heißt Pilgern für mich, nicht stehenzubleiben, sondern offen und naseweis, Neues zu entdecken und auf die Hilfe und Begleitung Gottes zu vertrauen. Ob ich die richtige Mischung finde zwischen Heimat und Fremde, zwischen Vertrautem und Neuem? Ein Versuch ist es jedenfalls wert. Mit diesen Gedanken starte ich in die neue, in meine vierte Pilgersaison.

Heinz und ich haben uns den Winter über nicht gesehen. So gibt es viel zu erzählen und die Anreise, immerhin 350 Kilometer, vergeht wie im Fluge. Als wir auf dem Besucherparkplatz vor dem Schloss von Arcelot den bequemen Mercedes von Heinz abstellen, scheint die Sonne und lassen das Schloss besonders hell und freundlich erscheinen. »Dieses Schloss«, informiere ich Heinz, »befindet sich seit seiner Entstehung bis heute im Besitz der gleichen Familie. Die Besitzverhältnisse haben sogar den Terror und die Umstürze der französischen Revolution überstanden. Es war die elfjährige Louise-Adelaide Verchère d'Arcelot, die ganz auf sich alleine gestellt, den Familienbesitz durch die Revolutionswirren brachte. Ihre Mutter war bei der Geburt gestorben und der Vater während der Revolution spurlos verschwunden. Mit kleinen Näharbeiten und durch Betteln in Dijon kam sie irgendwie über die Runden.«

Die Geschichte dieses Mädchens beeindruckt uns beide.

»Als das Schloss in der ersten Hälfte des achtzehnten Jahrhunderts gebaut wurde, war es der letzte Schrei«, fahre ich fort, »das erste Schloss in ganz Burgund, das im klassizistischen Baustil errichtet wurde. Die klaren und geraden Formen ersetzten den schwülstig verbrämten Barock. Es war die Zeit der Aufklärung, die in Frankreich ›le Siècle des Lumières‹ heißt, und der Zeitgeist hat natürlich auch seine Spuren in der Architektur hinterlassen. Baustil, vor allem die Fassadengliederung und die Fenster lassen mich an Saarbrücken denken, das der Baumeister Friedrich Joachim Stengel[1] im 18. Jahrhundert architektonisch und städtebaulich prägte. Und in der Tat hielt sich Stengel gemeinsam mit seinem Auftraggeber und Fürsten Wilhelm Heinrich 1739 in Paris und Versailles auf und suchte dort

1 * 1694 in Zerbst, † 1787 in Saarbrücken.

Das in der ersten Hälfte des 18. Jahrhunderts erbaute Schloss von Arcelot war seinerzeit der letzte architektonische Schrei.

Schnurstracks führt die Straße über 14 Kilometer vom Schloss in den Stadtkern von Dijon.

den Kontakt zu den modernen französischen Hof-Architekten. Kein Wunder, dass mich die Fassade des Schlosses von Arcelot an die Stengel-Bauten in Saarbrücken denken lässt. Und noch eine Parallele. Das Saarbrücken Stengel'scher Prägung war an Sichtachsen ausgerichtet, vom Schloss zur Ludwigskirche, vom Schloss zur Kirche Sankt Johann.[2] Und hier in Arcelot führt eine Achse kerzengerade vom Haupteingang des Schlosses durch das schmiedeeiserne Tor des Vorhofes über 14 Kilometer in die Altstadt von Dijon! War die Strecke im 18. Jahrhundert in der Pferdekutsche in anderthalb Stunden zurückzulegen, rechne ich zwei volle Tage, bis ich die Kathedrale von Dijon erreichen werde. Heute wollen wir es noch bis Varois-et-Chaignot schaffen und da es bereits Nachmittag ist, dränge ich zum Aufbruch. Die Pilgersaison 2018 startet an dem Portal des Schlosses und schnurstracks geht es auf der ehemaligen Sichtachse nach Westen. Die Achse blieb erhalten. Heute verläuft hier die D70. Es ist kühl, aber sonnig. Ideale Bedingungen zum Pilgern, doch erweist sich das hohe Verkehrsaufkommen als problematisch.

Vor 250 Jahren war Philibert II, Marquis von Arcelot

---

2 Die Blickachse Schloss zur Kirche Sankt Johann wurde ausgerechnet durch das Saarbrücker Finanzamt verbaut.

regelmäßig auf dieser Straße unterwegs. Der Marquis war der Erbauer und Eigentümer des Schlosses und hatte – wie ich vermute – auch die Straße gebaut. Als Mitglied des »Parlement de Bourgogne«, hatte er regelmässig Geschäfte in Dijon zu erledigen. Auch wenn die burgundischen Herzöge bereits im 15. Jahrhundert ihr Machtzentrum nach Norden in die heutigen Niederlande verlegt hatten, so war Dijon dennoch ein bedeutendes Zentrum geblieben, in dem die Künste und das Handwerk blühten. Das repräsentative Landschloss à la mode mit großem Park war in anderthalb Kutschen-Stunden auf einer guten und sicheren Straße bequem zu erreichen und eine angemessene Residenz für einen angesehenen Marquis. Philibert – ein seltener Name. Jedenfalls kenne ich niemanden, der so heißt. Und doch ist mir dieser Name in den zurückliegenden Wochen mehrfach begegnet. An langen Winterabenden habe ich mich intensiv mit der Geschichte Burgunds beschäftigt, dicke Bücher[3] gewälzt und bin dabei auch auf Philibert gestoßen. Zu seinen Lebzeiten ist er nie in Burgund gewesen. Er wurde im 7. Jahrhundert n. Chr. (617/18) in der Gascogne geboren. Über das

3 Besonders empfehlen möchte ich: Helmut Domke (1963), Burgund und zum Zeitpunkt dieser Pilgeretappe noch nicht erschienen: Bart Van Loo (2019): Burgund.

7. Jahrhundert liegen nicht allzuviele Quellen vor und die Zeit wird daher den »siècles obscures«, den dunklen Jahrhunderten, zugerechnet. Immerhin wissen wir, dass Philibert in einer hochgestellten Familie zur Welt kam und eine gute Ausbildung erhielt. Sein Vater konnte ihm einen Zugang zum Hof des Merowingerkönigs Dagobert verschaffen. Doch das Leben am Hofe war ihm zu oberflächlich. Als Zwanzigjähriger wurde er Benediktiner und trat in das neugegründete Kloster Rebais in der Nähe von Paris ein, wo er 20 Jahre lang betete und arbeite. Dann, gerade 40 Jahre alt geworden, gründete er an der Seine die Abtei Jumièges[4]. Das Kloster entwickelte sich prächtig und gehörte bald zu den größten und bedeutendsten Klöstern im Reich. Weitere Klostergründungen folgten. 674 gründete er auf der Atlantikinsel Noirmoutier nahe der Loire-Mündung ein weiteres Kloster, in dem Philibert bis zu seinem Tod im Jahre 684 lebte und bestattet wurde. Die exponierte und verkehrsgünstige Lage des Klosters zog Überfälle und Plünderungen geradezu an. Waren es zunächst die Sarazenen (ca. 730), die plündernd und brandschatzend über das Kloster herfielen, so wurden sie im 9. Jahrhundert von den Wikingern abgelöst.

4 Deshalb wird Philibert in der Literatur auch häufig »Philibert von Jumièges« genannt.

Mehrfach wurde das Kloster überfallen. Zeitweilig verließen die Mönche und die Bevölkerung die Insel. Die Mönche brachten ihre Habseligkeiten ins Landesinnere in Sicherheit. Zum wertvollsten Besitz gehörten die Gebeine von Philibert, den die Bevölkerung inzwischen als Heiligen verehrte. Burgund war vor den Wikingern einigermaßen sicher. Und so brachten die Benediktiner die Knochen von Philibert nach Tournus an der Saône, wo sie bis heute in der Krypta der ältesten romanischen Kirche Frankreichs liegen. Klar, dass diese Kirche den Namen ihres Schutzheiligen Saint Philibert trägt.

Heinz ist ein aufmerksamer und interessierter Zuhörer. Doch lässt die Verkehrssituation nicht zu, dass wir nebeneinander gehen und uns unterhalten. Die Straße ist eine wichtige Zufahrtsstraße nach Dijon und entsprechend stark befahren. Die meisten Autos fahren auf der schnurgeraden Strecke schnell. Uns bleibt nichts anderes übrig, als hintereinander zu marschieren. Heinz vorneweg und ich mit einigen Metern Abstand hinter ihm. Der rechte Fuß auf dem Asphalt, der linke auf dem Grünstreifen. Ständig weiche ich ganz auf den Grünstreifen aus, insbesondere wenn uns ein Brummi entgegenkommt. Der Lärm der vorbeibrausenden Fahrzeuge lässt meine Spastik ansteigen und ich bin froh, als wir nach etwa drei Kilometern das

Dorf Orgeux erreichen. Hier verlassen wir die Landstraße und gehen durch das Dorf mit vielen schmucken Neubauten. Von den knapp 500 Einwohnern sind nur wenige zu sehen, offensichtlich handelt es sich um ein Schlafdorf im Speckgürtel von Dijon. Gemächlich durchqueren wir das Dorf. Es mutet mich wie Erholung an, nicht mehr ständig den Autos und Lkw's ausweichen zu müssen. Ich hoffe, dass wir am Ortsrand einen Weg durch die Felder finden, der einigermaßen parallel zu der Landstraße verläuft. Doch riegeln die Neubauten mit ihren Zäunen, Hecken und Einfriedungen das Dorf ab und es bleibt uns nichts anderes übrig als umzukehren und wieder ein Stück zurück zur Landstraße zu gehen. Auf der anderen Straßenseite entdecken wir einen Feldweg, der zu unserem Ziel zu führen scheint. Um ihn zu erreichen, müssen wir jedoch die Straße überqueren. Zwar ist die Straße stark befahren, aber nach beiden Seiten übersichtlich. Es dauert eine ganze Weile, doch dann ergibt sich die Gelegenheit, zügig und sicher die andere Straßenseite zu erreichen. Unser Tagesziel ist bereits zu sehen und auf dem autofreien asphaltierten Feldweg können wir nun sicher weitergehen. Obwohl der Weg nun breit genug wäre, um nebeneinander zu marschieren, geht Heinz vorneweg und der Abstand wird zusehends größer. Heinz ist ein Einzelgänger. Dieser Gedanke geht mir durch den Kopf, während ich hinter ihm herdackele. In den zurückliegenden Monaten hat er sich in die Arbeit an seiner Stevensson-Biografie vergraben und wir hatten kaum Kontakt. Dass dieser scheue Einzelgänger mich nun zum wiederholten Male auf dem Jakobsweg begleitet, macht mich stolz. Inzwischen kenne ich Heinz gut genug, um zu wissen, dass er nicht gerne »per Anhalter« fährt. Und dieses Unbehagen merke ich Heinz an. Nur selten überlässt Heinz etwas dem Zufall. Pilgern heißt aber, sich mit Gottvertrauen treiben lassen und mit Gelassenheit die Dinge so zu nehmen, wie sie kommen. Als Heinz stehenbleibt, kann ich zu ihm aufrücken. »Vielleicht gibt es ja eine Busverbindung von Varois-et-Chaignot« versuche ich Heinz zu beruhigen »schließlich ist die Straße hier eine wichtige Ausfallstraße von Dijon. Und wenn alle Stricke reißen, können wir uns immer noch ein Taxi rufen.«

Die Landschaft ist tellereben. Der Weg führt durch ausgedehnte Felder. Die fruchtbaren schweren Kalkböden sind für den Weizenanbau gut geeignet. Rebflächen fehlen hingegen. Nach einer weiteren Stunde erreichen wir Varois-et Chaignot, das Ziel unserer heutigen Tagesetappe. Heinz war wieder ein gutes Stück vorangegangen und als ich den Ortsrand erreiche, kommt er mir lächelnd entgegen. »Ich habe bereits die Rückfahrt organisiert«, verkündet er stolz und berichtet sodann, er habe in der Ortsmitte einen Mann angesprochen und nach einer Busverbindung gefragt. Als wir dann gemeinsam festgestellt haben, dass heute kein Bus mehr fährt, habe der Mann angeboten, uns nach Arcelot zurückzubringen. Zuvor müsse er jedoch noch seine Kinder im Kindergarten einsammeln. Prima, ich freue mich über das Erfolgserlebnis von Heinz. Wir setzen uns auf eine Bank neben der leider geschlossenen Kirche. Es tut gut, die Beine ausstrecken zu können. Nach einer halben Stunde fährt ein Kastenwagen vor. Heinz quetscht sich zwischen die Kindersitze mit zwei kleinen Rackern auf die Rückbank und überlässt mir den bequemen Beifahrersitz. Nach 15 Minuten sind wir bereits wieder an unserem Ausgangspunkt und wir verabschieden uns herzlich von unserem freundlichen Engel. »Die Menschen sind ungeheuer hilfsbereit, aber du musst bereit sein, dir helfen zu lassen.« Mit der Erfahrung von drei Pilgerjahren kann ich dies mit Gewissheit sagen.

In Brochon, das auf der anderen Seite von Dijon an der Côte d'Or liegt, habe ich für die nächsten Tage eine Ferienwohnung gemietet. Die Fahrt durch den lebhaften Feierabendverkehr von Dijon gibt uns einen ersten Eindruck von der burgundischen Hauptstadt und gleichzeitig eine Vorstellung von unserer morgigen Etappe. Das Navigationssystem führt uns durch die engen Gassen von Brochon zu unserem Quartier. Unterwegs teile ich unserem Vermieter unsere Ankunftszeit mit. So wartet er bereits und wundert sich zunächst, dass die angekündigten Pilger mit dem Auto anreisen. Ich kläre ihn auf. Er übergibt uns den Schlüssel des Winzerhäuschen, das für die nächsten Tagen unser Basislager sein wird. »Damit ihr merkt und schmeckt, dass ihr an der Côte d'Or angekommen seid, habe ich euch für heute Abend eine Flasche Pinot Noir auf den Küchentisch gestellt.« Wir fühlen uns wohl in dem urig-gemütlichen Haus und beziehen unsere Zimmer. Beide haben wir Hunger. Die Pilgerspaghetti sind ebenso schnell gekocht wie gegessen. Müde durch die Anstrengungen des Tages und den Wein gehen wir schon früh zu Bett und ich schlafe tief und fest, zufrieden wieder auf dem Jakobsweg zu sein.

Am nächsten Morgen durchzieht der Duft von frisch gebrühtem Kaffee unser Quartier. Heinz ist Frühaufsteher, wie ich von unseren Pilgertouren aus den vergangenen Jahren weiß. Und so hat er schon mal das Frühstück vorbereitet. Er hat seine selbstgekochte Kirschmarmelade mitgebracht, die prima zu dem cremigen Langres-Käse passt. Da macht es auch nichts, dass unsere Baguette von gestern und somit leicht angetrocknet ist. Insgesamt ein guter Start in den Tag. Auf dem Küchentisch habe ich die Landkarte ausgebreitet. »Wir sollten von Varois-et-Chaignot durch die Felder nach Dijon gehen«, schlage ich vor. »Hier in der Karte ist ein Feldweg verzeichnet. Das ist zwar ein Stück weiter, aber dafür sind wir den nervigen Verkehr los.« Ich brauche Heinz nicht zu überzeugen und wir verlieren keine Zeit und starten eine halbe Stunde später in der Ortsmitte von Varois-et-Chaignot.

Der Morgen ist sonnig, aber kühl. Wir gehen durch weite Äcker auf einem breiten mit Kalksplitt befestigten Feldweg zunächst ein Stück nach Norden und dann in weitem Bogen wieder auf Dijon zu. Statt den Lärm von vorbeibrausenden Fahrzeugen, hören wir nun das Tirili aufsteigender Feldlerchen. So macht Pilgern einfach mehr Spaß. Gegen Mittag erreichen wir den Stadtrand von Dijon. Der Stadtteil heißt Saint Apollinaire und ist in den zurückliegenden Jahrzehnten ständig gewachsen. Waren es um 1960 noch knapp 1.000 Einwohner, so sind es heute bereits 8.000!

Die Neubaugebiete haben sich in die fruchtbare Ackerlandschaft hineingefressen und sind so gesichtslos und austauschbar wie in jeder Stadt. Als ich den Stadtrand erreiche, drehe ich mich noch einmal um und schaue mit den Augen eines Geografen zurück. Die durchwanderte Landschaft ist tellereben und liegt etwa 230 m über dem Meeresspiegel. Sie ist durch Ackerbau geprägt, baumfrei, weit und breit keine Rebflächen und auch keine Viehweiden. Es handelt sich, so vermute ich, um den südlichsten Zipfel des Plateaus von Langres. Dijon liegt also genau an der Nahtstelle zwischen diesem großen Kalksteinplateau, das zur europäischen Hauptwasserscheide gehört, und der Côte d'Or.

Ob das der Grund ist, warum genau an dieser Stelle die mit 150.000 Einwohnern größte Stadt Burgunds entstanden ist?

Ich bin ein Landei und richtig froh, dass Heinz mich auf dieser Etappe durch Dijon begleitet. Seit jeher habe ich in großen Städten immer ein eher mulmiges Gefühl, während ich mich auf dem Land, auch dort, wo Fuchs und Hase sich Gute-Nacht sagen, nie unsicher oder unwohl fühle. Ich erinnere mich an meine erste große Tour in die Pyrenäen kurz nach dem Abitur. Damals musste ich zusammen mit meinem Schulfreund Reiner einige Stunden in der Nacht auf dem Hauptbahnhof von Lyon warten. Obwohl es keinen Anlass gab, hatte ich richtig Angst, die sich erst legte, als unser Zug Richtung Süden fuhr. In den Bergen der Pyrenäen wenige Tage später, weitab der Zivilisation, da fühlte ich mich wieder wohl und sicher. Im Laufe der Jahre habe ich Bombay, Kalkutta, Nairobi und viele andere große Städte der Welt bereist, aber das Grundgefühl blieb immer gleich. Mein natürlicher Lebensraum ist und bleibt das Land. Genauso wie ich lieber Gummistiefel als Lackschuhe trage. Ich stehe dazu. Ich bin eine bekennende »Landpomeranze«. Und das ist gut so!

Hier grenzen nicht nur zwei Landschaftsräume aneinander, sondern auch zwei Stammesgebiete der Kelten. Im Norden siedelten die Lingonen mit ihrer Hauptstadt Langres und im Süden grenzten die Häduer mit ihrer Hauptstadt Bibracte bei Autun an. Die »Via agrippa«, die als europäische Magistrale von Lyon nach Trier bis weit ins Mittelalter diente, führte hier vorbei und die Römer besaßen eine kleine unbedeutende Provinzstadt mit dem Namen »Divio«, die im 3. Jahrhundert befestigt wurde, als die germanischen Einfälle häufiger wurden. Erst als im 14. Jahrhundert Philipp der Kühne seinen Sitz nach Dijon verlegte, vor allem aber sein Enkel Philipp der Gute eine rege Bautätigkeit entfaltete, wurde aus dem Provinznest eine Stadt von europäischem Rang. Auch wenn die Burgunder es nie zu einem Nationalstaat schafften, so waren sie doch eine der bestimmenden Kräfte im 14. und 15. Jahrhundert in Europa!

In Gedanken habe ich mir bereits eine Liste zurechtgelegt, was ich so alles in Dijon und Burgund besuchen und sehen möchte. Aber wie im richtigen Leben sind auch hier Entscheidungen und Kompromisse nötig. Ich muss mich für eine Route durch das an Kultur und Geschichte so reiche Burgund entscheiden und darf das Ziel nicht aus den Augen verlieren. In jedem Fall will ich nach Cîteaux, nach Taizé und natürlich ist auch Cluny ein absolutes Muss.
Doch zunächst geht es nun erstmal nach Dijon. Der Weg führt durch einen breiten Gehölzstreifen. Wir erreichen eine militärische Befestigungsanlage. Die »Redoute St. Apolliniaire«, die in der Zeit vor 1870 am Stadtrand entstand, steht heute inmitten des Siedlungsgebietes und wird als kleiner Park, Spielplatz und Grünanlage genutzt. Wir verweilen einige Zeit auf einer Ruhebank. Die Hälfte der heutigen Etappe dürfte geschafft sein und eine Pause mit einer Banane haben wir uns allemal verdient. Wir überqueren die Schnellstraße, die wie ein Ring um Dijon herumführt, über eine Brücke. An Schulen und Sportanlagen vorbei geht es weiter Richtung Innenstadt. Die Straße führt zum großen »Place de la République«, wo ein geschäftiges Treiben herrscht. Mehrere Straßenbahn- und Buslinien laufen hier zusammen. Das Zentrum des Platzes

Der Place de la République wird beherrscht durch Wasserspiele und ein monumentales Denkmal zu Ehren von Marie Francois Sadi Carnot.

wird von einer modernen Wasseranlage mit einer großen Anzahl an Wasserfontänen beherrscht, daneben steht ein Denkmal, das an einen Monsieur Sadi Carnot erinnert. Ich habe keinen blassen Schimmer, wer dieser Monsieur war, an den man an dieser Stelle mit einer opulenten Stele erinnert. Auch Heinz kann mir nicht weiterhelfen. Damit ist wenigstens klar, dass es sich nicht um einen Schriftsteller handelt.

Auf dem Platz sind sehr viele junge Leute unterwegs. Die Université de Bourgogne hat hier ihren Sitz und die hohe Studentenzahl macht sich auch im Stadtbild

bemerkbar. »Jetzt haben wir uns einen Kaffee und eine Pause verdient«, schlägt Heinz vor und ich bin sofort überzeugt. Obwohl die Sonne scheint, ist es jetzt im April noch recht kühl und wir entscheiden uns für eine gemütliche Eckkneipe. Der Kaffee tut gut und auf dem schlichten Holztisch breite ich unsere Karte aus. »Wir sind bereits hier.« Ich tippe mit dem Finger auf die Karte. »Bis zur historischen Altstadt ist es noch ungefähr ein Kilometer. Aber die Kathedrale liegt am anderen Ende der Altstadt. Alles in allem haben wir heute nur noch zwei Kilometer vor uns.« Und um Heinz zu beruhigen, füge ich hinzu: »Für die Rückfahrt leisten wir uns ein Taxi.

In der Eckkneipe googele ich und bringe in Erfahrung, dass Monsieur Marie Francois Sadi Carnot ein Ingenieur war, der aus einer Physikerfamilie[5] stammte. Von 1887 an war er französischer Staatspräsident in der dritten französischen Republik. 1894 wurde er nach einer politischen Rede von einem italienischen Anarchisten erdolcht. Fünf Jahre nach dem Attentat errichtete die Stadt Dijon dieses Monument zur Erinnerung an ihren ermordeten Staatspräsidenten ganz im prunkvollen Stil der Jahrhundertwende.

Die ausgedehnte Ruhepause hat mir gut getan. Mit frischem Elan geht es weiter und wir verlassen den »Place de la Republique«. Ursprünglich lag der Markt- und Umschlagsplatz außerhalb der Stadtmauern. Jetzt betreten wir die Altstadt. In den teils engen Straßen und Gassen reiht sich ein historisches Gebäude an das nächste. Stadtvillen, Bürgerhäuser aus der Renaissance, zum überwiegenden Teil stilgerecht restauriert und unterhalten. Bausünden sucht man vergeblich. Und trotzdem ist Dijon mehr als historische Kulisse. Kleine Geschäfte, Cafés und Restaurants wechseln sich ab. In Dijon pulsiert das Leben. Angeblich soll die Stadt hundert Türme besitzen. Auch wenn das vielleicht

5 Sein Onkel Nicolas Léonhard Sadi Carnot (1796–1832) begründete die Thermodynamik.

Bunt glasierte Ziegeldächer und verwunschene Gassen prägen die idyllische Innenstadt von Dijon.

übertrieben ist, viele sind es allemal. Die Stadt hat zahlreiche Kirchen: Saint Étienne, Saint-Jean[6], Saint Philibert[7] und die Klosterkirchen der Jesuiten, der Karmeliterinnen und Bernhardinerinnen sind profanisiert und werden teilweise als Museum genutzt, aber mit Notre-Dame, Saint Michel, Sacré-Coeur, Saint Pierre und der Kathedrale Saint Benigne hat alleine die Altstadt noch fünf Kirchen, die sich in Betrieb befinden. Hinzu kommt mit »La Bonne Nouvelle« noch eine evangelische Kirche sowie die Kirchen außerhalb der Altstadt. Der bekannteste Turm Dijons ist jedoch kein Kirchturm, sondern der »Tour Philippe le Bon«, der mit seinen 46 Metern Höhe und sieben Geschossen die Altstadt überragt. Zwar trägt er den Namen Philipps des Guten, doch geht der Turm auf seinen Großvater, Philipp den Kühnen, zurück. Dieser hatte, gerade mal 15 Jahre alt, in der Schlacht von Maupertuis[8] gegen die Engländer seinen Papa mutig unterstützt, während sich seine Brüder feige vom Acker gemacht hatten. Sein Vater Johann der Gute war französischer König und belohnte seinen tapferen Sohn 1364 mit der burgundischen Herzogskrone.

---

6 Die ehemalige gotische Kirche wird heute als Theater genutzt.
7 Einzige romanische Kirche.
8 1356. Die Schlacht gegen die Engländer ging verloren und zusammen mit seinem Vater geriet er in englische Gefangenschaft.

Der nach seinem Erbauer benannte Turm »Philipp le Bon« stammt aus dem 15. Jahrhundert und überragt den Herzogpalast, der heute die Prefektur und das Museum der schönen Künste beherbergt.

Weniger einträglich für einen ehrgeizigen jungen Herzog, aber kaum weniger bedeutsam, war der Beiname Philippe »le hardi«, wie er seither genannt wurde. Die Zahl der Vornamen war im ausgehenden Mittelalter wohl streng limitiert. Man nannte seine Söhne entweder Karl (Charles) oder Johann (Jean) oder Philipp. Diese sich häufig wiederholenden Namen machen es nicht gerade einfacher, den geschichtlichen Überblick zu behalten. Kevin, Boris oder Steven sucht man in den Namensliste jedenfalls vergeblich.

Philipp der Kühne war erst 22 Jahre alt, als er die Dynastie der Valois-Herzöge begründete, die Burgund und Dijon bis heute ihren Stempel aufdrücken. Er startete ein umfangreiches Bau- und Modernisierungsprogramm und ließ im Bereich der ehemaligen spätrömischen Stadtmauer einen Donjon[9] und ein Logis errichten.[10]

1450 begann sein Enkel und Nachfolger Philipp der Gute die Bauwerke seines Großvaters zu ersetzen und es entstand prunkvolle Residenz mit einem Donjon, der bis heute aus der Altstadt herausragt.

Der Blick auf die Karte zeigt uns, dass wir ganz in der

---

9 Donjon heißen in Frankreich die Wohn- und Wehrtürme.

10 Leider blieben keine Bauwerke aus der Zeit Philipp des Kühnen erhalten.

Nähe des Herzogpalastes sind. Doch verstellt die dichte Bebauung den Blick. Ich bin beeindruckt. Man sieht, dass Dijon über die Jahrhunderte hinweg eine wohlhabende, ja reiche Stadt war und diesen Wohlstand auch zur Schau stellte. Prunk und Protz waren ein wichtiges Mittel der Politik dieser Zeit. Auch opulente Feste gehörten dazu. Die burgundischen Herzöge waren Meister dieses Genres. Vor allem anlässlich von Hochzeiten und Taufen zeigte man, was man vermochte und beschäftigte monatelang Heerscharen von Handwerkern, Schneidern, Köchen und Künstlern. »Brot und Spiele« im ausgehenden Mittelalter! Jedenfalls waren diese Vergnügungen nicht mehr so blutgetränkt wie in der römischen Antike.

Zu den prunkvollsten und sicher auch kostspieligsten Festen des gesamten Mittelalters gehörte die Doppelhochzeit von Cambray. Mehr als 20.000 Gäste aus ganz Europa waren eingeladen, um die Eheschließung zu feiern. Der erste der großen Burgunderherzöge Philipp der Kühne verheiratete seine beiden Kinder Margarete und Johann mit einem Geschwisterpaar aus dem Geschlecht der Wittelsbacher. Die Rechnung der achttägigen Sause zahlte der Schwiegervater Albrecht I. von Straubing-Holland. Die ausufernden Feste überforderten häufig die herzoglichen Kassen, doch waren sie immer noch deutlich günstiger als Feldzüge. Und überdies waren sie erfolgreich. Bei den Festen wurden Bündnisse geschmiedet und Heiratspolitik betrieben. Auch hier waren die Burgunder-Herzöge Meister ihres Faches.

Unvermittelt stehen wir vor der »Notre-Dame de Dijon«, einer gotischen Kirche aus dem 13. Jahrhundert. Die Stadthäuser reichen bis dicht an die Kirche heran Auch wenn es in der Kirche vieles zu entdecken gäbe, meine Spastik ist wieder angestiegen und bremst mich aus. Ein kurzer Besuch muss heute reichen. Wir setzen uns in eine der hinteren Bankreihen. Tief atme ich durch und strecke die Beine aus. Still bete ich und sage »Danke«.

Bis zum Palast der Herzöge ist es nur noch ein kurzes Stück Weg. »Heinz, ich bin zwar fix und alle, aber wir sollten wenigstens einen kurzen Blick in den Palast werfen, der heute das ›Musée des Beaux Arts‹ beherbergt. Ich habe gelesen, dass das Museum echt super sein soll.«

Gerne lässt sich Heinz auf meinen Vorschlag ein. Wir haben uns dem »Palais des Ducs« von der Rückseite genähert. Außer dem Museum beherbergt der geräumige Palast auch noch das Rathaus, das Fremdenverkehrsbüro und die Kunsthochschule. Inmitten einer

Gruppe von Studenten rasten wir ein weiteres Mal auf einer Bank in einer kleinen Grünanlage. Leider müssen wir feststellen, dass das Museum zur Zeit geschlossen ist und erst wieder Mitte Mai frisch renoviert öffnet. Meine Enttäuschung hält sich in Grenzen. Eigentlich bin ich nach der Wegstrecke von nun fast zehn Kilometern müde, andererseits bin ich aber auch brennend neugierig auf das Museum. Das Grabmal von Philippe le Hardi soll hier zu sehen sein, eines der schönsten Werke, das die burgundische Renaissance hervorgebracht hat. Ursprünglich stand es in der Chartreuse[11] de Champmol, wenige Kilometer von hier. Dort hatten Philipp der Kühne und sein Sohn Johann Ohnefurcht (Jean sans peur) eine Grablege für sich und ihre Nachkommen bauen lassen. Philipp heiratete Margarethe von Flandern[12] und holte nun zahlreiche Künstler aus Flandern an seinen Hof. Neben Paris und Avignon war Dijon eines der Künstlerzentren im 14. Jahrhundert. Die Beauftragung des jungen Claus Sluter erwies sich dabei als Volltreffer. Sluter schuf Skulpturen, die den Meisterwerken der italienischen Renais-

---

11 Chartreuse, deutsch Kartause, heißen die Klöster der Karthäusermönche, benannt nach dem Mutterkloster des weltabgewandten Ordens.

12 Margarethe von Flandern war das, was man eine gute Partie zu nennen pflegte. Ihr reiches Erbe war ein wesentlicher Eckpfeiler des Aufstiegs der burgundischen Herzöge.

sancekünstler in nichts nach stehen – und das zudem noch hundert Jahre bevor Michelangelo seinen David schuf. Der Mob der französischen Revolution zerstörte, wie so vieles, auch dieses Kloster. Das Eingangsportal blieb erhalten. Die Grabmale konnten, wenn auch beschädigt, gerettet werden und sind im Museum zu bewundern, wenn es geöffnet hat. Der »Mosesbrunnen«, an dem Sluter sein ganzes Leben bis kurz vor seinem Tod arbeitete, steht noch am ursprünglichen Standort in Champmol. In dem Kloster wurde im 18. Jahrhundert ein Irrenhaus eingerichtet und bis zum heutigen Tag werden dort psychisch Kranke betreut und gepflegt. Während Heinz und ich zwischen all den jungen Leuten auf der Parkbank die Karte ausbreiten und uns im Dickicht der eng bebauten Gassen orientieren und den Weg zur Kathedrale suchen, merke ich, dass meine Scheu gegenüber der »Großstadt« Dijon verschwunden ist. Jetzt nach gerade mal einem halben Tag gelingt es mir, das urbane Flair zu genießen. Und urbanes Flair hat Dijon reichlich. Die Stadt ist quirlig und belebt, alles andere als verschlafen. Bis heute strahlt die Hauptstadt Burgunds Wohlstand und Reichtum aus. Durch eine Tordurchfahrt gelangen wir auf die Vorderseite des Gebäudes und stehen in einem Ehrenhof, der durch ein schmiedeeisernes Gitter von dem halbrunden großen »Place de Liberation« abgetrennt ist. Erst als wir einigen Abstand gewinnen, um die Vorderfront in ihrer Gesamtheit zu betrachten, stellen wir fest, dass es sich um zwei dreiflügelige Anlagen handelt. Die burgundischen Herzöge liebten es offenbar an-, um- oder neuzubauen[13] und so war die Residenz über Jahrhunderte hinweg eine Dauerbaustelle. Erst im 18. Jahrhundert waren die Bauarbeiten abgeschlossen, auch wenn noch immer nicht alle Bauplanungen umgesetzt waren. Doch hat der Aufwand sich gelohnt: Wir bestaunen eine fürstliche Residenz, die Eindruck schindet.

Auch der weitläufige »Place de Liberation« macht etwas daher. Als zentraler Platz der Altstadt hatte er schon viele Namen, die die französische Geschichte spiegeln. Seinen heutigen Namen trägt er zur Erinnerung an die Befreiung von der Besetzung der deutschen Wehrmacht. Ab 1940 war Dijon von der Wehrmacht besetzt. Zuvor war die Stadt von deutschen Flugzeugen bombardiert worden.[14] Gegen Kriegsende fielen in Dijon noch ein weiteres Mal Bomben. Dieses Mal waren es die Flugzeuge der Alliierten, die ihre todbringende Fracht über Dijon abwarfen, bevor im Spätsom-

13 Als Saarländer habe ich hierfür vollstes Verständnis.

14 Drei deutsche Flugzeuge verflogen sich und warfen am 10. Mai 1940 ihre Bomben über Freiburg im Breisgau ab.

mer 1944 die französischen Truppen wieder in Dijon einrückten.

Ich könnte schon wieder eine Ruhepause gebrauchen, obwohl unsere letzte Rast noch keine halbe Stunde zurückliegt. Offensichtlich habe ich meine Leistungsgrenze erreicht, ob ich es wahrhaben will oder nicht. Ich soll mehr auf die Signale meines Körpers achten und Achtsamkeit üben.

Meine Frau Birgit und die weltbeste Ergotherapeutin Anne haben mir das Hunderte Male in meinen Dickschädel gehämmert. Und die beiden haben ja recht. Mein Körper signalisiert, dass es für heute reicht. Dabei gibt es so viel zu sehen und zu entdecken. Doch wird mir die Entscheidung heute aus der Hand genommen. Gerade als wir die Kathedrale erreichen, wird sie für den Besucherverkehr geschlossen. Das ist nicht weiter schlimm, denn in zwei Tagen wollen wir hier die Sonntagsmesse besuchen und werden dann Gelegenheit haben, der Kirche einen Besuch abzustatten. So sind zunächst weltliche Lustbarkeiten angesagt. In einer Kneipe gegenüber dem Kirchenportal gönnen wir uns einen großen Milchkaffee und lassen uns ein Taxi rufen, das uns bald nach Varois-et-Chaignot zu unserem Auto zurückbringt.

Zurück in unserem Basislager stelle ich fest, dass ich

das Ladeteil für mein Handy zuhause vergessen habe. Auch das Ladegerät von Heinz passt nicht auf mein Handy. Am Ortsrand habe ich heute Morgen an der Nationalstraße einen Carrefour gesehen. Dort ist bestimmt ein neues Ladegerät zu kaufen. Gerade noch rechtzeitig vor Ladenschluss parken wir vor dem riesigen Supermarkt ein. Während ich in die Elektroabteilung haste, will Heinz Dijon-Senf kaufen, den er als Mitbringsel zuhause verschenken will. Nach zehn Minuten treffen wir uns an der letzten geöffneten Supermarktkasse und sind zufrieden, unsere Einkäufe getätigt zu haben. In unserer Wohnung dann eine unliebsame Überraschung. Der Stecker des Ladekabels passt nicht auf mein Handy, obwohl sie von der gleichen Firma stammen. Dafür passt es auf das Handy von Heinz, das von einer ganz anderen Firma stammt. Mir nutzt das jedoch reichlich wenig. Morgen müssen wir nochmal in den Supermarkt. Ich will versuchen, das Ladekabel in ein passendes umzutauschen. Ich übe mich in Galgenhumor: »Früher als die Gummistiefel noch aus Holz waren, da gab es noch gar keine Handys. Ging auch irgendwie!«
Heinz schmunzelt: »Offensichtlich bin ich nicht der einzige digitale Analphabet. Wir beide gehören eben noch der alten Generation an.«

Am nächsten Morgen starten wir an der Kathedrale Saint-Bénigne und queren durch eine Straßenunterführung die Gleisanlagen des Bahnhofes. Schon gestern war mir aufgefallen, dass Dijon eine blitzsaubere Stadt ist. Und selbst hier im Bahnhofsquartier ist kein Müll am Straßenrand zu sehen.
Unmittelbar angrenzend an das Bahnhofsviertel und direkt an unserem Weg liegt der botanische Garten von Dijon. Der seltsame Name »Jardin de l'Arquebuse« erklärt sich daher, dass sich im 16. Jahrhundert hier der Übungsplatz für die Armbrustschützen befand. Nachdem Armbrustschützen aus der und englische Gärten in Mode gekommen waren, legte der letzte Capitaine der Chevaliers Ende des 18. Jahrhunderts einen Garten mit Arboretum an, der die Zeiten überdauerte und heute als wissenschaftlicher Lehrgarten dient. Ehemals am Rande der Stadt extra muros gelegen, hat sich die Bebauung schon lange um den Garten geschlossen. Geblieben ist eine blühende grüne Oase mitten in der Stadt. Die Pflanzenwelt ist schon deutlich weiterentwickelt als bei uns zuhause.
»Immerhin liegt Dijon auf dem 47. Breitengrad«, erläutere ich Heinz mit dem Sachverstand eines Geografen, »und damit zwei Breitengrade südlicher als Neunkirchen.« Wir nehmen uns Zeit, durch den Garten zu

bummeln und genießen die zahlreichen blühenden Frühjahrsboten. Als nächstes überqueren wir die Ouche.

Von der Brücke aus betrachte ich den munter plätschernden Bach. Städte entstanden in der Regel an Furten oder Brücken beidseits eines Flusses. Doch keine Regel ohne Ausnahme. Durch Dijon fließt nur die Ouche. Und die ist nur so breit, dass man – gutes Training vorausgesetzt – bequem auf die andere Seite spucken kann. In jedem Fall stellt sie kein Wegehindernis dar, das eine Stadtgründung rechtfertigen würde. Es muss also andere Gründe gegeben haben, warum die Stadt ausgerechnet hier entstanden ist. Aber welche?

Die nächsten Stunden führt unser Weg stadtauswärts durch die Banlieue. Chenove, ehemals ein Weindorf ist inzwischen gänzlich mit Dijon verwachsen und hat ebenfalls seine Bevölkerungszahl in den letzten Jahrzehnten verdreifacht. Die Neubaugebiete haben auch hier die Weinberge überwuchert, die wenigen verbliebenen Rebflächen werden heute der »Appelation Marsannay-sur-Côtes« zugeschlagen, die – außergewöhnlich für Burgund – für ihren Rosé-Wein bekannt ist.

»Stefan, hast du schon einen Titel für dein nächstes Buch?«, will Heinz wissen, als wir gerade auf den unbequemen Stühlen eines kleinen Cafés Platz genommen

haben und uns mit Éclairs und Milchkaffee stärken. »Vielleicht nenne ich es ›Fünfzig graue Schafe‹, was auf englisch so viel heißt wie ›Fifty shaves of Grey‹«, scherze ich.
»Aber ich weiß noch nicht, ob mein nächstes Buch ein Erotik-Thriller oder ein Gedichtband wird?«
»Versuch es doch mal mit einem Erotik-Thriller in Versform«, schlägt Heinz mit einem breiten Lächeln vor. In der Tat habe ich noch keinen Titel für mein neues Buch. Alle Ideen, auch die ernsthaften, werden von Heinz als wenig brauchbar verworfen. Gemeinsam suchen wir weiter.
»Es waren Habichte in der Luft«, wäre schön, geht aber nicht, weil Siegfried Lenz seinen ersten Roman schon so genannt hat. Außerdem habe ich in Lothringen ständig Milane und keine Habichte gesehen. Wir spinnen den Faden weiter.
»Es waren Milane in der Luft«, oder wie wäre es denn mit »Milane im Wind«, schlägt Heinz vor.
»Ja, das passt! Milane sind hervorragende Segler und brauchen warme Aufwinde! ›Milane im Wind‹, das ist es!«[15] Zufrieden trinken wir unseren Kaffee aus.
Jetzt endlich haben wir den Siedlungsring von Dijon

15 »Milane im Wind«, erschienen im Frühjahr 2021 in der edition schaumberg.

und die Ausfallstraße verlassen und laufen auf einem kleinen asphaltierten Weg durch die Weinberge. Die Landschaft hat sich nun komplett gewandelt. Die Côte d'Or liegt vor uns. Die Landschaft verdankt ihre Formung einem Grabenbruch, der sich über zweihundert Kilometer von Nordosten nach Südwesten erstreckt. Auf dem breiten ebenen Boden des Grabens fließt die Saône. Die Westflanke des Grabens wird von den kalkhaltigen Schichten des Jura und der Kreide gebildet und formt sich zu sanft abfallenden Hängen. Beste Voraussetzungen, um guten Wein anzubauen, was auch mindestens seit dem zweiten Jahrhundert nach Christi Geburt geschieht, als die Römer den Galliern den Weinanbau nach Burgund brachten. Doch Weintrinken konnten die Gallier schon deutlich früher.

Im Januar 1953[16] entdeckten Archäologen auf dem Mont Lassois bei Vix im Norden Burgunds einen riesigen Kessel und ein reich ausgestattes Grab einer keltischen Fürstin aus dem 5. vorchristlichen Jahrhundert. Die Archäologen fanden Weinamphoren, die aus dem Süden Frankreichs stammten. Dort siedelten zu dieser Zeit Griechen. Der spektakulärste Fund war jedoch

16 Im Jahr zuvor, 1952, war in einer Sandgrube bei Reinheim im Saarland ebenfalls ein »Fürstinnengrab« mit sehr reichen Grabbeigaben entdeckt worden. Beide Gräber weisen erstaunlich viele Parallelen auf.

Riesig und überwältigend schön: Bronzekessel aus dem keltischen Fürstinnengrab von Vix.

ein reich verzierter Bronze-Kessel mit Deckel. Der Kessel ist 1,64 Meter hoch und fasst 1100 Liter.[17] Der Kessel, der mit einiger Wahrscheinlichkeit ebenfalls im griechischen Raum hergestellt worden war, wurde mit Wein befüllt, möglicherweise mit Wasser verdünnt. Wurde der gesamte Wein als Luxusgut importiert? Oder hatten die Kelten auch die Herstellung von den Griechen gelernt? In jedem Fall kannten sie den »Zaubertrank« aus dem großen Kessel!

Nicht nur die Landschaft hat gewechselt. Als wir in Marsannay ankommen, befinden wir uns in einer anderen Welt. Gerade mal zehn Kilometer vom betriebsamen Dijon entfernt, finden wir uns in einem verschlafenen und beschaulichen Nest wieder. Keine Boulangerie, kein Bistro, nicht einmal ein Café hat das Dorf aufzuweisen. Gegenüber der Kirche gibt es eine schon seit längerem geschlossene Gaststätte. Auf einer kleinen Außenterrasse stehen grob gezimmerte Tische und Bänke. Hier können wir uns ausruhen. Während wir auf das herbeitelefonierte Taxi warten, fahren gut zwei Dutzend Radfahrer an uns vorbei – alles potenzielle Kundschaft.

Als der Taxifahrer ankommt und wir ihm mitteilen,

17 Heute werden in Burgund jährlich 180 Millionen Flaschen Wein produziert.

dass wir in der Nähe des Bahnhofes geparkt haben, wartet eine unangenehme Überraschung auf uns.

»Zum Bahnhof? Das geht nicht. Da demonstrieren samstags die Gelbwesten.«

Seit Monaten finden in allen größeren Städten Frankreichs die Gelbwesten-Demonstrationen statt. Die Anfänge der Gelbwesten-Bewegung habe ich im vergangenen Herbst bei meiner letzten Pilgeretappe erlebt. Damals fiel mir auf, dass einige der Autos, die mir entgegenkamen, gelbe Signalwesten gut sichtbar hinter die Windschutzscheibe gelegt hatten. Abends im französischen Fernsehen erfuhr ich dann, dass es sich um eine neue Protestbewegung gegen die Erhöhung der Dieselsteuer handelte. Was so harmlos und sympathisch begonnen hat, ist in den letzten Monaten oftmals in Krawalle und Vandalismus umschlagen. Vor dem geistigen Auge sehe ich schon den eleganten weißen Mercedes von Heinz in Flammen aufgehen, behalte meine Sorge aber für mich, um nicht auch noch Heinz in Unruhe zu versetzen. Ich zeige dem Taxifahrer auf der Karte, wo wir genau unser Auto geparkt haben. Als der Taxifahrer die Stelle auf der Karte sieht, stößt er einen undefinierbaren Laut aus, eine Mischung aus Seufzer, Überraschung und Entsetzen, wie ihn nur französische Taxifahrer beherrschen. Die

Lautäußerung lässt meinen Adrenalinspiegel weiter ansteigen.
»Wartet mal einen Moment«, bittet uns der Fahrer und telefoniert mit seiner Zentrale.
»Die Hauptzufahrt ist dicht. Aber wir können es über einen Schleichweg versuchen. Versprechen kann ich nix.«
Der Taxifahrer gurkt uns durch kleine Seitenstraßen, überquert einen Parkplatz, Einbahnstraßen-Regelungen gelten für französische Taxifahrer ohnehin nicht. Längst habe ich trotz Straßenkarte und erfolgreich abgeschlossenem Geografiestudium jede Orientierung verloren. Aber plötzlich hält er vor unserem Auto. Geschafft! Das Auto ist unversehrt. Der Taxifahrer hat sich ein üppiges Trinkgeld verdient.
Auf der Hauptstraße sehen wir in einiger Entfernung das Ende des Demonstrationszuges begleitet von einem großen Aufgebot Polizisten an uns vorbeiziehen. Nach zehn Minuten ist der Spuk vorbei und wir können wieder auf der Hauptverkehrsachse die Stadt verlassen, so als wäre nie etwas gewesen.
»Bei aller Liebe zu Frankreich«, wende ich mich an Heinz, »irgendwie haben die Franzosen die Revolution in den Genen. Franzosen ticken anders! Ich habe nie verstanden, wieso sie den Sturm auf die Bastille als Nationalfeiertag feiern. Schließlich war das ja auch

Auftakt unfassbarer Barbarei und am Ende wurde der absolutistische König durch Napoleon ersetzt, der nun auch alles andere als ein lupenreiner Demokrat war.«
Auf der Rückfahrt stoppen wir kurz in dem Supermarkt. Heute Morgen habe ich sinnvollerweise mein gestern erworbenes Ladegerät nebst aufgerissener Packung und Kassenzettel ins Auto gelegt und gleich auch mein Handy. Eine freundliche und hilfsbereite Verkäuferin bringt mir ein passendes Kabel. Rosafarben.
»Das ist die einzige Farbe, in der wir das passende Kabel haben«, erklärt mir die freundliche Verkäuferin. Nun bin ich nicht besonders wählerisch oder gar eitel, wenigstens was die Farbe meiner Handykabel angeht. Doch kann ich mich schon mal auf die spöttischen Kommentare von Elisabeth und Moritz gefasst machen. Zurück in der Ferienwohnung will ich sogleich das Handy aufladen und stelle frustriert fest, dass ich nun zwar ein passendes rosafarbenes Ladekabel besitze, aber immer noch der Netzstecker fehlt. Es bleibt uns nichts anderes übrig als ein drittes Mal den Supermarkt aufzusuchen und ein Netzteil, diesmal in der Farbe schwarz, zu kaufen. Nun lädt mein Handy wieder und ich bin mit dem Rest der Welt verbunden.

Palmsonntag.
Nach dem Frühstück verladen wir unsere wenigen Gepäckstücke ins Auto. Gerade noch rechtzeitig war mir eingefallen, dass mein rosafarbenes Ladegerät noch in der Steckdose steckt, bevor wir den Wohnungsschlüssel wie vereinbart in den Briefkasten geworfen haben.
Pünktlich um zehn Uhr kommen wir an der Kathedrale an. Vor dem Hauptportal herrscht reges Treiben. Eine Gruppe Pfadfinder verteilt Palmzweige[18] an die Gottesdienstbesucher. Meinen Zweig befestige ich an meinem Rucksack. Nach Metz, Toul und Langres ist Saint-Bénigne bereits die vierte Kathedrale, die ich besuche, seit ich vor vier Jahren in Hornbach losgepilgert bin.
Auf den ersten Blick präsentiert sich die Kathedrale als gotische Kirche, an der über die Jahrhunderte bis in die Neuzeit immer wieder gebaut wurde. Doch birgt diese Kirche ein ganz besonderes Geheimnis. Ursprünglich stand hier eine Kirche, die zu den größten und ungewöhnlichsten Kirchen des Abendlandes gehörte. Sie bestand aus einer fünfschiffigen und siebenjochigen Basilika mit Tribünen. Einschließlich aller Anbauten hatte die Kirche die gewaltige Länge von 114 Metern. Für einige Jahrzehnte war sie damit die größte Kirche

18 Die »Palmzweige« sind in Wirklichkeit keine Palmen, sondern Zweige des immergrünen Buxbaumes (Buxus sempervirens).

der Welt.[19] Aber nicht nur die Größe war außergewöhnlich, sondern vor allem die Bauweise. An den Chor schloss ein mächtiger monumentaler Kuppelbau an, der in der Kirchenbaugeschichte ohne Vorbild oder Nachahmung ist. Um seine Dimension zu ermessen, muss man in den Untergrund. Durch die Sakristei gelangt man in die Krypta, in der das Untergeschoss der romanischen Kirche erhalten geblieben ist. Zwar hatten auch hier die Bilderstürmer der französischen Revolution gewütet und die Krypta zum großen Teil mit Abbruchmaterial verfüllt, doch ließ sich der Schutt wieder einfach entfernen. Heute besticht die Krypta noch immer durch eine besondere Erhabenheit und Würde, wie ich sie so sehr an den romanischen Bauten schätze. Bauherr dieses außergewöhnlichen Kirchenbaues war ein Mönch, der aus Cluny kam.

Maiolus war dreißig Jahre lang Abt in Cluny und in dieser Zeit trug er wesentlich zur Blüte und Ausdehnung des Klosterverbandes bei. Er hatte einen seiner besten Mönche, Wilhelm von Volpiano, als Abt nach Saint-Bénigne geschickt. Die Abtei existierte damals schon rund 500 Jahre. Im Jahr 670 hatten die Mönche

---

19 Mit dem Bau des Domes zu Speyer, der heute mit einer Länge von 134 Metern als größte romanische Kirche der Welt gilt, wurde erst 1025 begonnen. Der Baubeginn von Cluny III, bis zum Bau Petersdom größte Kirche der Welt, erfolgte 1088.

die Regeln des Heiligen Benedikt übernommen. [20]
Aber auch das war nicht der Anfang! Bereits im zweiten nachchristlichen Jahrhundert, war ein aus Kleinasien[21] stammender Missionar nach Gallien geschickt worden. Benignus! Er verkündete in Langres, Autun und Dijon die Frohe Botschaft. Sein Name deutet darauf hin, dass er einen sanftmütigen und gütigen Charakter hatte. Dennoch, oder vielleicht gerade deswegen, fiel er den römischen Christenverfolgungen zur Zeit des Kaisers Marc Aurel zum Opfer und wurde zu Tode gesteinigt. Der Ort seines Martyriums zog bald viele Menschen an und es bildete sich eine Mönchsgemeinde und eine erste kleine Kirche entstand. Gregor von Tours, der zu den wichtigsten Quellen im Übergang von der Spätantike zum Frühmittelalter gehört, erwähnt erstmals in einem schriftlichen Zeugnis Dijon und berichtet von der Mönchsgemeinde und dem Grab des Heiligen Benignus.
Als wir die Kirche betreten, bin ich erstaunt und erfreut über die zahlreichen Gottesdienstbesucher. Jung und Alt, die meisten mit einem »Palmzweig« in den Händen, sind gekommen, um an diesem letzten Sonntag

20 Die »regula benedicti« hatte Benedict von Nursia um das Jahr 540 verfasst.

21 Benignus war ein Schüler von Polycarpos von Smyrna, dem heutigen Izmir in der Türkei.

in der Fastenzeit, des Einzugs Jesu in Jerusalem zu gedenken und die Karwoche einzuleiten. Die Messe wird vom Bischof von Dijon zelebriert. Zufällig habe ich erfahren, dass Bischof Roland aus Saargemünd stammt, also ein Beinahe-Saarländer ist.

Nach der Messe verabschiedet der Bischof die Gottesdienstbesucher im Hauptportal der Kirche mit einem Segensgruß. Ich stelle mich in die Warteschlange und endlich komme ich an die Reihe.

»Ich bin ein Jakobs-Pilger aus dem Saarland«, spreche ich ihn an. Doch in dem Treiben hat er mich offenbar nicht verstanden, sondern legt seine Hand auf meinen Kopf und segnet mich. Und schon ist der Nächste der Wartenden an der Reihe.

Als Heinz mich kurze Zeit später am Ortsrand von Marsannay-la-Côte absetzt und wir uns verabschieden, bedanke ich mich herzlich.

»Schön, dass du mich auch dieses Jahr wieder ein Stück begleitet hast. Drei volle Tage! Ich hätte es sogar noch länger mit dir ausgehalten.«

»Ich aber nicht mit dir!«, antwortet Heinz und lächelt mich frech an. »Pass gut auf dich und dein rosafarbenes Ladekabel auf und komm wieder gut nach Hause.«

ZWEITES KAPITEL,

in dem ich durch die Weinberge entlang der Côte d'Or pilgere und erleben muss, wie die Notre-Dame in Paris brennt …

Palmsonntag, 14. April:
Von Marsannay-la-Côte nach Gevrey-Chambertin
5,5 Kilometer

Montag, 15. April:
Von Chevrey-Chambertin nach Morey 4,4 Kilometer

Dienstag,16. April:
Von Morey nach Vougeot 2,3 Kilometer

Mittwoch, 17. April:
Von Vougeot nach Corcelles-lès-Cîteaux 11 Kilometer

Und schon stehe ich mit Pilgerstab und Rucksack mutterseelenallein in den Weinbergen Burgunds und schaue Heinz nach, der mit seinem Auto hinter den Häusern von Marsannay verschwindet.

Pilgern ist prima geeignet, um Freundschaften zu pflegen, zu vertiefen und zu erneuern. Die gemächliche Fortbewegung über mehrere Tage hinweg, die Entdeckung der Langsamkeit führt hin zur Entschleunigung und zum Loslassen. Tiefsinnige Gespräche über Gott und über die Welt wechseln ab mit Wegstrecken gemeinsamen Schweigens. Beides gehört dazu. Und irgendwann, manchmal schon nach wenigen Tagen, wird der Kopf frei. Alltagszwänge fallen ab.

Pilgern ist einfach immer wieder eine wohltuende und intensive Erfahrung. Pilgern mit Freunden ist prima!

Aber die nächsten Tage bin ich alleine unterwegs. Ich bin etwas aufgeregt. Was werden die nächsten Tage wohl bringen? Für heute Abend habe ich ein Gästezimmer gebucht, aber wo werde ich die kommenden Tage und über Ostern eine Unterkunft finden? Ich spüre eine innere Anspannung.

»Herr, ich vertraue mich dir an«, bete ich.

Und schicke gleich noch ein Dankgebet hinterher. Nie, nie hätte ich geglaubt, dass ich es bis hierhin schaffen würde. Auf meinen eigenen zwei Beinen. Dankbar und froh breche ich auf. Schon nach einem kurzen Wegstück gerate ich ins Schwitzen und pelze ich mich aus meinem warmen Wollpullover, den ich von meinem Sohn Moritz geerbt habe. In Modefragen war ich nie besonders eitel.[22]

Ich verstaue den Pulli im Rucksack, in dem noch viel Platz ist. Mein Gepäck habe ich auf das Allernötigste reduziert und alles Überflüssige mit Heinz nach Hause geschickt. Regenjacke (ebenfalls ein Erbstück), zwei Garnituren Wechselwäsche, eine kurze Hose, »Rei« in der Tube, ein Kompass und die Wanderkarte, Geldbeutel, Handy und ein rosafarbenes Ladekabel, kleiner Kulturbeutel, ein Rest Langres-Käse mit kräftiger Duftnote und ein paar Kekse sind alles, was ich eingepackt habe. Und natürlich eine Wasserflasche. Alles in allem keine drei Kilogramm schwer. Wie wenig man doch zum Pilgern und für ein gutes Leben braucht!

Durch die Weinberge bin ich zum Waldrand aufgestiegen. »Weinberge« ist übertrieben, in Wahrheit sind es bestenfalls Hügel. Ganz flach fallen die Hänge zum Saône-Tal hin ab, überall gut mit Maschinen zu befahren. Kein Vergleich mit den Steilhängen der Mittelmo-

---

22 Meine Frau behauptet, dass ich der einzige Minister sei, der in zehn Amtsjahren nur einen einzigen dunklen Anzug gehabt hätte. Und vermutlich hat sie wie immer Recht.

Die Côte d'Or ist eine nach Südosten geneigte Hangkante des Sâone-Grabens und gilt als das beste Weinbaugebiet Frankreichs. Hier werden die teuersten Weine der Welt gekeltert.

Die aus den Vogesen kommende Sâone hat während der Eiszeiten einen sehr breiten und tellerebenen Talboden geschaffen. Im Vordergrund sind die Weinhänge der Côte d'Or zu sehen.

sel, an denen unser Riesling wächst. Hier am Waldrand verläuft ein Fernwanderweg, ein sogenannter GR, was für »Grande randonnée« steht. Passenderweise heißt der Wanderweg »GR des Grands Crus« und führt entlang der Côte d'Or durch die besten Weinlagen von Dijon bis Santenay.

Als ich den Wanderweg erreiche, verharre ich ein paar Augenblicke und schaue zurück aufs Dorf. Ich atme tief durch. Es riecht nach Frühjahr. Ich kann den Geruch mit Worten nicht beschreiben, doch habe ich ein gutes »Duftgedächtnis«. Bestimmte Gerüche lassen bei mir Erinnerungen an bestimmte Situationen aufleben. Dieses Phänomen war mir in den zurückliegenden Jahren immer mal wieder aufgefallen und ich fragte mich, ob ich mir das nur einbildete. Jetzt lese[23] ich bei einem meiner Lieblingsautoren, dass dieses Phänomen durchaus weiter verbreitet ist. Auch wenn mir die Worte fehlen, um den Geruch näher zu beschreiben, er löst Wohlbefinden, ja Genuss- und Glücksgefühle aus. Ich genieße den Duft des Frühjahrs und atme tief durch. Es geht mir gut!

Beschwingt und fröhlich pilgere ich durch den sonnigen Frühjahrstag. Meine Wegstrecke beträgt heute

23 Bill Bryson (2020): Eine kurze Geschichte des menschlichen Körpers

nur 5,5 Kilometer. Ich passiere Fixin, ein weiteres weltberühmtes Weindorf und Brochon, wo wir die letzten Tage unsere Basisstation hatten. Bereits am späten Vormittag erreiche ich Gevrey. Die Unterkunft liegt etwas außerhalb am Ortsrand. Meine Zimmerwirtin, eine ältere Dame, hat mich bereits aus einiger Entfernung kommen sehen und winkt schon aus einiger Entfernung. Ich habe zwar ein Zimmer, aber kein Abendessen vorbestellt. Doch die Zimmerwirtin ist flexibel und spontan und zaubert mir ein Drei-Gänge-Menü mit einer ordentlichen Portion Zitroneneis zum Nachtisch.

Der Pinot Noir von Gevrey-Chambertin war der Lieblingswein Napoleons.

Leutheusser-Schnarrenberger, Kramp-Karrenbauer und jetzt auch noch Gevrey-Chambertin! Doppelnamen, zumal bei Frauen, waren mir schon immer leicht suspekt! Und ausgerechnet hier an der Côte d'Or gibt es davon einige. Der Grund hierfür liegt – wie so vieles im Burgund – nicht bei den Frauen, sondern im Wein. Die kleinen Dörfchen mit wenigen Hundert Bewohnern waren bestenfalls nur regional bekannt, die dort produzierten Weine jedoch in ganz Europa. So war es naheliegend, an den Namen des Dorfes noch den Namen des Weinberges anzuhängen. Der Wein, der auf dem Feld von Monsieur Bertin angebaut wurde, war besonders wohlschmeckend und nachgefragt, nicht zuletzt, weil es der Lieblingswein Napoleons war. Und so wurde aus »Champ Bertin« Chambertin und aus Gevrey wurde 1848 Gevrey-Chambertin. Der Wein hat in dem kleinen Dörfchen schon immer eine zentrale Rolle gespielt. Aktuelle archäologische Befunde im Rahmen von Notgrabungen haben ergeben, dass in Gevrey bereits im ersten vorchristlichen Jahrhundert Wein angebaut wurde. Der älteste Nachweis für Weinanbau in Burgund.

Im frühen 11. Jahrhundert gelangt der Ort dann durch Schenkung in den Besitz des Klosters von Cluny. Die Mönche richten hier ihr eigenes Weingut ein. Bemerkenswerterweise gibt es weder ein Priorat, noch bauen sie zunächst eine Kirche. Sondern nur ein Weingut. Immer wieder ist die Domaine Ziel von Überfällen und Plünderungen. Im 13. Jahrhundert ist es der Abt von Cluny, Yves de Chazan, der das Weingut befestigt. Gräben mit Zugbrücke, Wehrturm und begehbare Wehrmauern schützen nun das Weingut, das bis zur französischen Revolution im Besitz von Cluny bleibt. 2012 dann erneut eine große Zäsur! Ein Chinese, der mit Spielhöllen in Macao ein Vermögen gemacht hat, erwirbt für eine horrende Summe Schloss und Weingut Château Chambertin. Neue Zeiten!

Die Zeiten ändern sich: Das Château de Gevrey befindet sich seit 2012 in chinesischem Besitz.

In unmittelbarer Nachbarschaft zum Schloss errichten die Mönche im 13. Jahrhundert dann doch noch eine Kirche, die sie unter den Schutz des Heiligen Aignan[24] stellen. Leider ist die Kirche verschlossen, doch die spätromanische Kirche inmitten der Weinberge unter strahlend blauem Himmel gibt ein schönes Bild ab. Ich nutze die Möglichkeiten der Technik und schicke ein Bild nach Hause und gebe meinen aktuellen Standort sowie die für heute geplante Strecke durch. Eigentlich war ein Ruhetag vorgesehen, doch lockt mich das frühlingshafte Wetter, eine kleine Etappe weiterzugehen. Das erste Wegstück führt mich durch die Weinberge. Passenderweise durch die Premier-Cru-Lage des Clos[25] Saint Jacques. Den Namen verdankt diese Lage einer alten Raststation für Pilger, woran eine Statue in den Weinbergen erinnert. Die ersten Meter werde ich von einem Zitronenfalter begleitet. Mein erster Schmetterling in diesem Frühjahr in leuchtend zitronengelber Farbe. Wenn er sich hinsetzt, klappt er sofort die Flügel zusammen, deren Außenseite blas-

24 Aignan oder Anianus war ein Bischof im 5. Jahrhundert in Orléans. Als Attila mit seinen plündernden Hunnen 451 vernichtend geschlagen wurde, wurde dies wesentlich dem Gebet des Aignan zugeschrieben. Fast taussend Jahre später lebte die Verehrung wieder auf, als im hundertjährigen Krieg die Engländer Orleans belagerten.

25 »Clos« heißen in Frankreich die (meist mit Steinmauern) umfriedeten Weinberge.

ser gefärbt sind. Zitronenfalter überwintern auch bei hohen Minustemperaturen draußen. Deshalb sind sie auch bei den ersten Sonnenstrahlen im Frühjahr sofort da. Das muntere Kerlchen scheint sich ebenso über die Frühlingssonne zu freuen wie ich. Meine Versuche den Schmetterling zu fotografieren scheitern. Jedes Mal, wenn ich mich dem Tier mit meiner Handykamera nähere, fliegt er auf und lässt sich wenige Meter weiter wieder nieder. Nachdem wir dieses Spiel einige Male wiederholt haben, gebe ich auf und lasse den Zitronenfalter in Ruhe Sonne tanken. An diesem Vormittag begegnen mir noch einige andere Zitronenfalter. Eine Schwalbe macht noch keinen Sommer, aber viele Zitronenfalter kündigen das Frühjahr an.

Zitronenfalter. Foto: Rainer Ulrich

Ich habe Zeit. Nichts, was mich drängt. Nichts, was unbedingt erledigt werden muss. Langsam, fast bedächtig, pilgere ich durch die Weingärten und genieße das Frühjahr. Was für ein Luxus! In diesem Augenblick, wie auch schon viele Male zuvor, ist mir bewusst, was es für ein unbeschreiblicher Luxus ist, Zeit zu haben. Ich habe Zeit und kann mit dieser etwas anfangen. Wenn ich an der Supermarkt-Kasse oder in der Apotheke jemanden vorlasse mit einem Lächeln und den Worten »Bitte, ich habe Zeit«, dann wird mir auch im Alltag bewusst, wie privilegiert ich bin. Mich quälen keine materiellen Sorgen, ich habe täglich satt und gut zu essen, ein festes Dach über dem Kopf und liebende und um mich besorgte Menschen um mich herum. Ich habe Zeit.[26] Auch in den Jahrzehnten, in denen ich keine Zeit hatte, selbstständiger Unternehmer oder ein Rädchen im politischen Getriebe war und permanent hart an meiner physischen Leistungsgrenze und so manches Mal auch darüber hinaus lebte und arbeitete, hielt ich innerlichen Abstand zu meinem Erfolg und meinem äußeren Glück.

»Nie habe ich dem Schicksal getraut, auch wenn es Frieden zu haben schien. Allem, was es mir großmütig

26 Kann sein, dass ich diesen Satz schon mal geschrieben habe. Aber er ist wichtig!

zuteilte – Geld, Ehrenämter, Gunst –, allem habe ich einen Platz zugewiesen, von dem es jederzeit wieder abgeholt werden kann, ohne dass es mich innerlich berührte. Ich habe zwischen mich und jene Glücksgüter eine große Kluft gesetzt, und so hat sie mir das Schicksal wieder entzogen, aber nicht entrissen. Das Unglück beugt eben nur den, der sich nicht vorher vom Glück täuschen lässt ...«

Erst jetzt, Jahre nach meiner Hirnblutung, finde ich diese Textpassage bei Seneca, den ich seit meiner Schulzeit kenne und schätze. Und kann diesem großartigen Philosophen des ersten nachchristlichen Jahrhunderts nur recht geben. Genau so war es.

Nachdem ich das Dorf ein Stück weit verlassen habe, drehe ich mich ein weiteres Mal um und schaue zurück. Die vergangenen Tage mit Heinz waren gut. Anregende Gespräche, schöne Erlebnisse. Gelebte Freundschaft. Alles hat seine Zeit.[27] Gemeinsam Pilgern hat seine Zeit. Und alleine Pilgern hat seine Zeit. Und jetzt ist alleine Pilgern für die kommenden Tage angesagt.

Manche Menschen reisen, um der Welt und anderen Menschen zu begegnen. Als Geograf, dessen Neugier auf die Welt im Laufe der Jahre nicht geringer geworden ist, ist mir diese Art zu reisen ebenso vertraut wie

27 Prediger 3, 1-11

sympathisch. »Exkursion« beschreibt diese Form des Reisens im Fachjargon der Geografen.
Andere wiederum reisen, um sich selbst zu begegnen.[28] Auch diese Form des Reisens kenne ich und schätze ich aus eigener Erfahrung. Jetzt freue ich mich darauf, die nächsten Tage mit mir alleine zu sein. Alleine zu reisen, nur das Notwendigste an Gepäck auf dem Rücken, stellt noch immer eine logistische Herausforderung dar. Aber es gibt mir auch das Gefühl von Freiheit und Unabhängigkeit. Es geht mir so, wie Robert Louis Stevenson, der in seinem Essay »Wandertouren« von 1876 schreibt:
»Eine Wanderung sollte man alleine machen, weil Freiheit von entscheidender Bedeutung ist; weil man anhalten und weitergehen sollte und diesem oder jenem Weg folgen, wie die Laune einen mitnimmt; und weil man seinen eigenen Schritt haben und weder neben einem Meistermarschierer hertrotten, noch mit einem Mädchen im Takt trippeln muss.«
Die Freiheit, die ich anstrebe, ist jedoch nicht die Frage wohin ich gehe oder wie schnell ich gehe, sondern – viel grundlegender – ob ich überhaupt gehe.
Mit dem Tag meiner Hirnblutung im Juli 2012 war ich

28 Saarländer haben laut Ludwig Harig noch eine dritte Art zu reisen entwickelt. Sie reisen, um möglichst schnell wieder heim zu kommen.

auf einen Schlag[29] gelähmt. Als ich aus dem künstlichen Koma nach einigen Tagen in der Uniklinik Homburg wieder das Bewusstsein erlangte, ging nix mehr. Die Krankenschwestern drehten mich in einem festgelegten zeitlichen Rhythmus, damit ich mich nicht wund lag. Selbstständig im Bett zur Seite drehen, selbst das war nicht mehr drin. Aus dem Alpha-Männchen, das gewohnt war, die Richtung vorzugeben und Probleme anzupacken und zu lösen, war ein Pflegefall geworden, der von einem Tag auf den anderen auf fremde Hilfe angewiesen war. Freiheit setzt Unabhängigkeit und Selbstbestimmung voraus. Ich aber war nun hilflos und maximal auf fremde Hilfe angewiesen. War ich jetzt nicht mehr frei, wo ich meine Selbstständigkeit verloren hatte?

Solche Gedanken stellte ich in den ersten Tagen nach meiner Hirnblutung jedoch nicht an. Alles war neu für mich. Verblüfft, verwundert, überrascht. So würde ich meinen Zustand am ehesten beschreiben. Aber ich hatte keine Angst, sondern fühlte mich gut aufgehoben und geborgen. Noch wusste ich nicht, dass ich nur knapp dem Tod entgangen war. Aber mir war klar, dass mein Leben künftig ein anderes sein würde.

Bereits nach wenigen Tagen blickte ich nach vorne.

29 Ob man deshalb auch von »Schlaganfall« spricht?

Ohne Pläne zu schmieden. Erst recht keine großen. Zu keinem Zeitpunkt habe ich mit meinem Schicksal oder mit meinem Gott gehadert. Genutzt hätte es ohnehin nichts. Ich versuchte, aus der Situation das Beste zu machen. So wenig es auch war. Die Lähmung betraf die gesamte linke Körperhälfte, also auch die Augenmuskulatur. Das Ergebnis war, dass ich schielte und alles doppelt sah. Lesen konnte ich so nicht mehr. Der Arzt verpasste mir eine Augenklappe. Und jetzt sah ich aus wie ein Pirat. Jederzeit hätte ich eine unbedeutende Nebenrolle in »Fluch der Karibik« übernehmen können. Nun war ich wieder in der Lage zu lesen. Ich steigerte mich kontinuierlich. Waren es zunächst nur wenige Seiten, so schaffte ich bereits nach drei Wochen ein ganzes Kapitel am Tag. Stolz berichtete ich bei den täglichen Besuchen meiner Frau von meinen Lesefortschritten.

»Heute habe ich es geschafft zwanzig Seiten zu lesen«[30], teilte ich Birgit mit, kaum dass sie das Krankenzimmer betreten hatte.

»Ich weiß, wie wichtig das Lesen für dich ist«, ermahnte sie mich, »aber du hast außer deinem Kopf noch einen restlichen Körper. Und den musst du mit dem gleichen Ehrgeiz trainieren, wie deinen Kopf.«

30 »Der Hundertjährige, der aus dem Fenster stieg, und verschwand«, war das erste Buch, das ich nach meiner Erkrankung gelesen habe.

In der Tat bin ich schon immer ein »Kopfmensch« gewesen. Aber Birgit hatte recht: Wenn ich wieder – buchstäblich – auf die Beine kommen wollte, dann würde es nur mit kontinuierlichem Training gehen. Ich legte den Schalter um. Von nun an sollte ich mich mit der gleichen Energie, die ich auf das Lesen verwandte, meiner körperlichen Ertüchtigung zuwenden. Zu Anfang waren die Fortschritte bescheiden. Die Brötchen, die ich zu Anfang buk, waren klein und hart. Einen ersten Meilenstein erreichte ich, als ich in der Lage war, ohne fremde Hilfe mein Krankenbett zu verlassen und in den Rollstuhl zu kommen. Das war nicht elegant, aber es klappte – irgendwie.

»An der B-Note arbeite ich noch!«, pflegte ich zu sagen, wenn mir jemand bei meinen Versuchen zuschaute.

Ich lernte, aus dem Rollstuhl auf den Boden zu kommen. Und – genauso wichtig – auch wieder vom Boden hoch.

Die ersten freien Schritte folgten. Unsicher, wackelig und sehr mühsam. Zu dieser Zeit las ich gerade ein Buch über das Thema Hominiden-Evolution und die Entwicklung des aufrechten Ganges. Als ich bei einer der wöchentlichen Visiten dem leitenden Oberarzt erklärte, ich hätte jetzt das Gangbild eines Australopithecus erreicht, verstand dieser den Scherz nicht.

Vermutlich, weil er nicht wusste, was ein Australopithecus[31] ist.
Auch meine kleine Nichte Klara, gerade ein Jahr alt geworden, hatte inzwischen laufen gelernt und alle meine Versuche, irgendwie mit ihr mithalten zu wollen, waren zum Scheitern verurteilt. Aber es gab Fortschritte. Manchmal blieben sie wochenlang aus, doch dann, oft unerwartet, öffnete sich eine Tür und wieder hatte ich einen Entwicklungsschritt vollzogen.
In der Rehaklinik Sankt Hedwig, heimatnah in Illingen, traf ich auf engagierte und erfahrene Therapeuten. In einem halbautomatischen »Gangtrainer« konnte ich fast täglich das Gehen trainieren. Schrittgeschwindigkeit und Zeit ließen sich einstellen. Zwar trat ich anfangs auf der Stelle, doch konnte ich mich schon nach kurzer Zeit verbessern. Waren es im Januar 2013 zunächst nur 722 Schritte und 15 Minuten, so steigerte ich mich auf 1.422 Schritte nach nur vier Wochen. Das war eine Verdopplung. Alles wurde feinsäuberlich in mein kleines gelbes Therapieheft eingetragen, das mich in der Klinik auf Schritt und Tritt begleitete und das ich bis heute aufbewahre. Die so dokumentierten Fort-

31 Die Gattung Australopithecus gehört zu den frühen Hominiden und war bereits in der Lage aufrecht und auf zwei Beinen zu gehen. Genau wie ich!

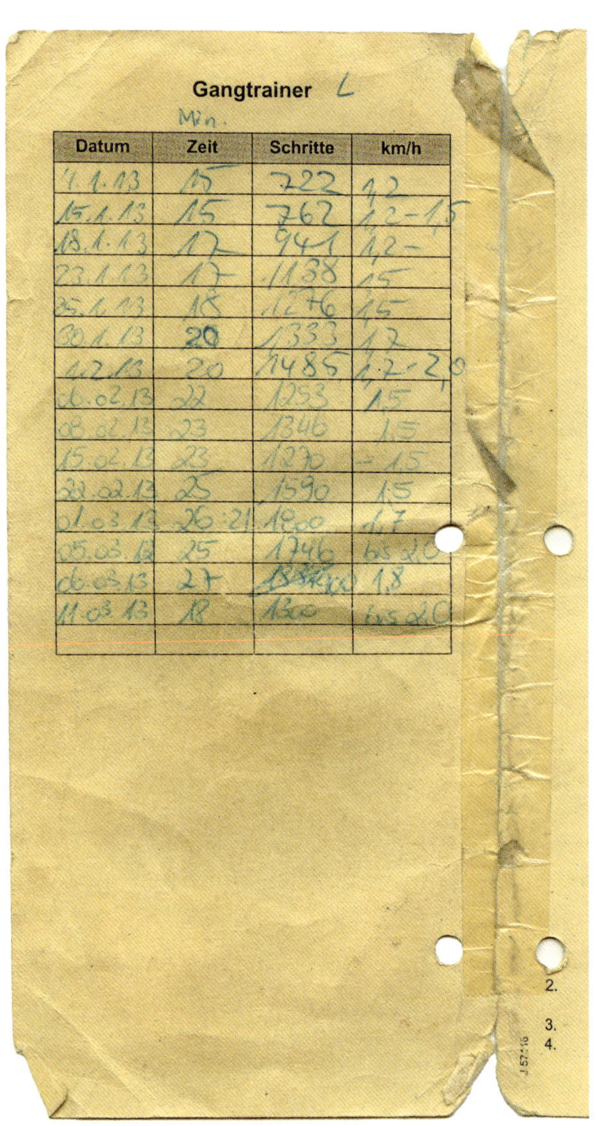

Gangtrainer L

Min.

Datum	Zeit	Schritte	km/h
11.1.13	15	722	1,2
15.1.13	15	762	1,2–1,5
18.1.13	17	941	1,2–
23.1.13	17	1138	1,5
25.1.13	18	1276	1,5
30.1.13	20	1333	1,7
1.2.13	20	1485	1,7–2,0
06.02.13	22	1253	1,5
08.02.13	23	1346	1,5
15.02.13	23	1270	– 1,5
22.02.13	25	1590	1,5
01.03.13	26 :21	1800	1,7
05.03.13	25	1746	bis 2,0
06.03.13	27	1800	1,8
11.03.13	18	1300	bis 2,0

schritte sorgten für einen weiteren Motivationsschub. Die Therapeuten ermöglichten mir »Sonderschichten« und als ich die Klinik verließ, hatte ich mich auf 1.900 Schritte gesteigert.
Damals, vor gerade mal vier Jahren, erschien mir das ungeheuer viel. Jetzt stehe ich in den Weinbergen der Côte d'Or und überschlage, dass ich ungefähr eine halbe Million Schritte gemacht habe, um bis hierherzukommen. Schritt für Schritt.[32]
Aber nicht nur meine Ausdauer hatte sich zum Positiven verändert. Anfangs erforderte jeder einzelne Schritt meine volle Konzentration. Gehen und gleichzeitig reden oder schauen ging nicht. Wenn ich etwas sagen oder etwas betrachten wollte, musste ich für einen Augenblick das Gehen unterbrechen und stehenbleiben. Selbst gleichzeitig gehen und nachdenken war nicht drin. Heute ist es wesentlich besser geworden. Zumindest morgens, wenn ich mich frisch und ausgeschlafen auf die Socken mache, bin ich in der Lage zu gehen und gleichzeitig Natur und Landschaft um mich herum zu betrachten. Trotzdem bleibe ich heute morgen immer wieder stehen und blicke über die übersichtliche

32 Vorsicht Werbeblock: »Schritt für Schritt« ist der Name meines ersten Buches, erschienen 2017 in der edition Schaumberg und sehr zu empfehlen!

und klar strukturierte Landschaft. Der Hang zieht sich mit flacher bis mäßiger Hangneigung über viele Kilometer hinweg. Hier wächst Wein, Wein und nochmal Wein. Keine Wiesen und Felder. Nur Wein. Nur wenige einzelne Bäume und Büsche lockern die Rebfluren auf. Im Abstand von zwei höchstens drei Kilometern reihen sich kleine Dörfer wie auf einer Perlenkette. Allesamt – zumindest dem Weinkenner – bekannte und hochgeschätzte Namen: Couchey, Fixin, Brochon, Gevrey-Chambertin, Morey-Saint-Denis, Chambolle-Mussigny, Vougeot, Vosne-Romanée, Nuits-Saint-Georges. Jedes dieser Dörfer besitzt Grand-Cru-Lagen und international bekannte Spitzenweine. Die Dörfer sind klein, nur 300 bis 500 Einwohner und ich frage mich, wie diese Siedlungsstruktur zustandekommt? An Wein mangelt es der Gegend nicht, aber an Wasser! Seit ich vor drei Tagen in Dijon die Ouche überquert habe, habe ich kein Wasser mehr gesehen und keinen noch so kleinen Bach überquert.

Ein Blick auf die Karte verschafft mir Gewissheit. Es existiert nur ein einziger kleiner Bach zwischen Dijon und Nuit-Saint-Georges, der dauerhaft Wasser führt! Zwar sind in die burgundische Hochebene regelmäßig Kerbtälchen[33] eingetieft, jedoch führen diese nicht dau-

33 Französisch: »Combes«.

erhaft Wasser. Unterhalb der Kerbtälchen am Mittelhang, zwischen 280 und 300 Meter über dem Meeresspiegel gelegen, sind dann die Dörfer entstanden. Ich vermute, dass es auf dieser Höhe wassserundurchlässige Schichten gibt und das am Oberhang im klüftigen Kalkgestein versickerte Wasser in Schichtquellen zutage trat und die Gründung der Dörfer ermöglichte. Da die Wassermenge eher gering war, blieb auch die Bevölkerungszahl begrenzt. Der Gedanke lässt mich schmunzeln. Selbst in Französien kann Wein das Wasser nicht vollständig ersetzen. Zumindest in der Praxis. Und heutzutage, wo das Trinkwasser aus großer Entfernung herangepumpt werden kann, ist es der hohe Bodenwert der Rebflächen, der eine ausufernde Siedlungstätigkeit in den Dörfern verhindert. Deshalb sind die Ortskerne bewohnt und lebendig geblieben und Bevölkerungszahl und Siedlungsstruktur haben sich über die Zeit kaum verändert.

Der Weg führt zum Oberhang an den Waldrand. Die Hügelkuppen, die zur burgundischen Hochebene gehören, sind größtenteils mit Wald bewachsen. Die nach Südosten exponierten Standorte sind auch hier klimatisch begünstigt und bedingt durch den Kalkuntergrund sehr trocken. Diese Standortbedingungen verträgt die in Mitteleuropa konkurrenzstärkste Baum-

Einer der Wege nach Santiago de Compostela führt entlang der Côte d'Or.

art, die Rotbuche, nicht. Sie wird hier von der Eiche, der Hainbuche und weiteren Baumarten verdrängt und ersetzt. Wärmeliebende Eichenwälder nennen die Vegetationskundler diese Waldgesellschaft, die außerdem mehr Licht auf den Waldboden durchlässt und deshalb auch deutlich artenreicher ist als unsere heimischen Rotbuchenwälder. Da sie durch die erhöhte Sonneneinstrahlung auch deutlich wärmer sind als in diesem Breitengrad üblich ist,[34] lassen sich eine Reihe mediterraner Arten erwarten.

Überall in den Mauern sonnen sich die eleganten Mauereidechsen, die in meiner Kindheit im Saarland noch selten anzutreffen waren. Ich erinnere mich, dass ich meine erste Mauereidechse sah, als ich als Vierzehnjähriger mit dem Fahrrad an der Mittelmosel unterwegs war. Doch inzwischen ist die Mauereidechse auch bei uns deutlich häufiger geworden und hat vielerorts die Zauneidechse verdrängt. Ein deutlicher Hinweis auf den stattfindenden Klimawandel.

Hier im Burgund gibt es noch eine weitere Eidechsenart, die besonders wärmeliebend ist und sich von unseren saarländischen Eidechsen deutlich unterscheidet. Die Smaragdeidechse ist sozusagen der Mercedes unter den Eidechsen. Bis zu einem halben Meter (!) groß ist

34 Vegetationskundler sprechen von »extrazonalen Standorten«.

dieses Reptil leuchtend grün und blau gefärbt. Wie ein Smaragd. In Deutschland kommt die Art nur an den wärmsten Orten vor, etwa im badischen Kaiserstuhl. Bisher kenne ich die Art nur aus Büchern, aber wenn mich meine Pilgerroute durch den Süden Frankreichs und durch Spanien führt, habe ich vielleicht das Glück, eine Smaragdeidechse in der Natur zu beobachten. Bis dahin nehme ich auch gerne mit den kleinen braunen Mauereidechsen vorlieb.

Eidechsen zu fangen ist schwierig. Aber früher gelang es mir immer wieder, Zauneidechsen oder Waldeidechsen einzufangen und im Terrarium zu halten oder im elterlichen Garten auszusetzen. Mauereidechsen hingegen habe ich noch nie erwischt. Dafür sind die kleinen Kerle einfach zu flink und zu vorsichtig. Oder ich bin zu langsam und zu ungeschickt. Wie man es nimmt. Heute jedenfalls versuche ich es gar nicht erst, sondern zügele meinen Jagdtrieb und freue mich an der Naturbeobachtung.

Der lichte Eichenwald ist an diesem Morgen sonnendurchflutet und frühlingshaft. Weit und breit keine Menschenseele, nur Vogelgezwitscher. Eidechsen, die raschelnd im alten Laub verschwinden. Überall bricht frisches Grün aus den Zweigen. Toll!

Und dann nach einem knappen Kilometer entdecke ich

Zu den wärmeliebenden Pflanzenarten Burgunds gehört der Lorbeer-Seidelbast (Daphne laureola).

eine botanische Rarität. Wenige Meter vom Weg entfernt wächst an einer lichten Stelle eine Pflanze, die ich auf den ersten Blick als Besonderheit erkenne. Sofort erinnere ich mich, dass ich diese Pflanze schon einmal auf einer Studentenexkursion in Lothringen gesehen habe. Damals hatte mich Dr. Emil Dister, einer meiner Botanikdozenten, auf diesen Halbstrauch aufmerksam gemacht. Doch der Name der Art fällt mir nicht sofort ein. Es ist eine mediterrane Verwandte unseres Seidelbastes. Damit habe ich schon mal die Gattung. Mit der Hilfe von Google finde ich dann auch in Windeseile die Art heraus. Daphne laureola.

Und in der Tat erinnern die Blätter des Zwergstrauches an Lorbeer. Doch sollte man den Lorbeer-Seidelbast tunlichst nicht zum Kochen verwenden. Genau wie unser heimischer Seidelbast ist auch der Lorbeer-Seidelbast hochgiftig.

An einem Baum am Wegesrand ist ein Zettel in einer Klarsichthülle angepinnt. Darin kann ich lesen, dass ich soeben ein Schutzgebiet betreten habe, das zum europäischen Netzwerk »Natura 2000« gehört. Ein FFH-Gebiet! Die Meldung und rechtliche Sicherung der saarländischen Schutzgebiete hat mich als Umweltminister jahrelang beschäftigt und viele Nerven gekostet. Die gute Idee, das europäische Naturerbe in

Die wenigen Reste der ursprünglichen Waldvegetation der Côte d'Or sind heute als FFH-Gebiet streng geschützt und beherbergen eine besonders wärmeliebende Tier- und Pflanzenwelt.

einem europäischen Schutzgebietesystem zu bewahren, wurde erschwert durch bürokratische Umsetzung einerseits und durch Bedenken und Ängste der Grundstückseigentümer andererseits.

Vom breiten und befahrbaren Waldweg, der parallel zu den Höhenlinien verläuft, biegt mein Weg nun ab und wird zu einem schmalen Pfad, der hangabwärts führt. Auch die Bodenverhältnisse werden beschwerlicher. Jedenfalls für meine Verhältnisse. Baumwurzeln sind freigespült. Grobe Kalksteinblöcke liegen auf dem Weg. Behutsam und sorgfältig wähle ich meine Schritte und stelle wieder einmal fest, dass es mir leichter fällt, bergan als bergab zu gehen. Zwischendurch bleibe ich stehen und fotografiere den lichtdurchfluteten Waldweg. »Ich ging den kleinen Weg, den oft begangenen«. Dieses Gedicht von Gottfried Benn kommt mir in den Sinn. Zwar kein Frühjahrsgedicht, aber doch irgendwie passend und überdies eines meiner Lieblingsgedichte. Nach einer guten Stunde verlasse ich wieder den Wald und stehe erneut in den Weinbergen. Vor mir liegen sanft geneigt die Rebflächen der Côte d'Or und in etwa zwei Kilometern Entfernung beginnt die breite Talniederung der Saône. In einiger Entfernung verläuft die Autobahn A31, die Dijon mit Lyon verbindet. Auch die Bahnlinie lässt sich gut erkennen. Schon seit

Menschengedenken war das Tal der Saône eine der bedeutendsten Verkehrsachsen Europas. Auf meiner Karte lässt sich der schnurgerade Verlauf der alten Römerstraße deutlich erkennen. Diese via agrippa[35], die bereits im ersten Jahrhundert gebaut wurde, verband Trier mit Lyon und war bis ins Mittelalter eine der wichtigsten europäischen Transversalen. Wer reiste nicht alles auf dieser Nord-Süd-Schnellverbindung der Antike? Seit Beginn meiner Pilgerwanderung bin auch ich immer wieder auf dieser europäischen Transversalen unterwegs gewesen. Auch jetzt wäre diese Trasse sicherlich der schnellste Weg durch Burgund in Richtung Süden gewesen. Aber ich habe keine Eile. Ich möchte auf meinem Weg nach Santiago de Compostela in die Geschichte und Natur der durchpilgerten Landschaften eintauchen. Solange die große Richtung stimmt, plane ich gerne den einen oder anderen Umweg ein. Ich habe gelernt, mit meinen Kräften zu haushalten. Das heißt: Nicht jedes Ziel ist erreichbar, nicht jeder Umweg ist machbar. Aber viele. Und ich ärgere mich nicht über das, was nicht geht, sondern freue mich über das, was geht. Und das ist eine ganze Menge.

Doch jetzt will ich auf direktem Wege zu meiner heu-

35 In meinen früheren Büchern habe ich sie irrtümlich als »via agrippinensis« bezeichnet.

tigen Unterkunft, die ich gestern über airbnb gebucht habe. Als ich Morey erreicht habe, stelle ich fest, dass meine Unterkunft im Gewerbegebiet auf der anderen Seite der D974 liegt. Obwohl es sich nur um eine Landstraße handelt, ist auf der Verbindung zwischen Dijon und Nuits-Saint-Georges richtig viel los. In beide Richtungen fließt dichter Feierabendverkehr. Der Verkehrslärm und die Herausforderung diese Straße überqueren zu müssen lassen meine Spastik ansteigen. Irgendwie werde ich auf die andere Straßenseite kommen müssen. Nur wie? Ein weiteres Mal studiere ich die Karte: Weit und breit gibt es keine Unter- oder Überführung. Mit jedem Schritt, mit dem ich mich der Straße nähere, steigt meine Spastik an. Immer wieder fasziniert es mich zu sehen, wie mein Körper auf meine Psyche reagiert. Die Herausforderung, die stark befahrene Straße überqueren zu müssen, lässt meine innere Anspannung steigen und damit verknüpft verspannen und verkrampfen auch die Muskeln meiner linken Körperhälfte. Die Straße verläuft schnurgerade. Entsprechend schnell sind auch die Autos unterwegs. In dem ebenen Gelände kann ich die Straße nach beiden Seiten einsehen. Ich stoppe die Zeit. Vom ersten Auftauchen eines Fahrzeuges bis zu der Stelle, an der ich queren möchte, vergehen mindestens zwölf Sekunden.

Das ist zu schaffen. Ich warte und warte und es dauert geraume Zeit, doch endlich ist von beiden Seiten die Luft rein. Jetzt gilt es und ich überquere die Straße. Puh! Geschafft.

Hinter mir schließt sich wieder der dichte brausende Feierabendverkehr. Jetzt ist es nur noch ein kurzes Wegstück bis zu meiner Unterkunft. Die Adresse ist eine kleine Kfz-Werkstatt. Doch der ölverschmierte Mechaniker weiß von nichts.

»Nein hier gibt es keine Gästezimmer!« Kurzerhand dreht er sich um und lässt mich stehen.

Glücklicherweise erreiche ich meine Vermieterin telefonisch. Es stellt sich heraus, dass sich der Eingang zu meinem Fremdenzimmer im Hinterhof der Werkstatt befindet. Auch die Vermieterin kann das seltsame Verhalten des Garagisten nicht erklären. Egal, mein Tagesziel ist erreicht.

Mein Zimmer ist wenig ansprechend, aber sauber. Nach einer wohltuenden heißen Dusche recherchiere ich im Internet, ob ich etwas über das FFH-Gebiet finde, das ich heute durchstreift habe. Zu meiner Überraschung finde ich wohlgeordnete und umfangreiche Informationen zu den französischen Schutzgebieten. Listen mit den wissenschaftlichen Artennamen ergänzen das Informationsangebot.

Die »Combes« sind enge schluchtartige Trockentäler, die sich in den Eiszeiten in die Hangkante der Côte d'Or eingeschnitten haben. Foto: Norbert Fritsch

Das 487 ha große Naturschutzgebiet trägt den Namen eines verdienten Naturkundlers, Jean-Roland Lavaux, der aus Dijon stammt. Eine gute Idee, um damit verdiente Naturschützer zu ehren.

Das Schutzgebiet umfasst typische in die Kalkhänge eingeschnittene Schluchten. Wie ich richtig vermutet hatte, sind die Trockentälchen in den Eiszeiten entstanden und charakteristisch für diesen Landschaftstyp. Die steilen und unbeschatteten Felsen sind der Lebensraum für eine Reihe spezialisierter und seltener Arten. Unter anderem findet der Wanderfalke in den

Felsen geeignete Brutmöglichkeiten. Nachdem ich heute Vormittag den Lorbeer-Seidelbast am Waldrand entdeckt habe, lese ich nun, dass es in den Felsen noch eine weitere Art der Gattung Daphne gibt. Der Alpen-Seidelbast (Daphne alpinum), der in Deutschland ganz fehlt, besiedelt sonnige Kalkfelsfluren.

Auf kleinem Raum finden wir hier abhängig von der Exposition und Sonneneinstrahlung unterschiedliche Standortbedingungen. Zwischen den Südhängen und den Nordhängen beträgt die Jahresdurchschnittstemperatur fünf Grad Celsius. Das ist deutlich mehr als die Temperaturdifferenz zwischen dem Saarland (10 °C) und Santiago die Compostela (12,7 °C)! Kein Wunder, dass sich hier eine sehr vielfältige und seltene Pflanzenwelt angesiedelt hat. Absolute Rarität ist jedoch ein kleiner Kreuzblütler, der weltweit nur hier in den Felsen wächst.[36] Das Dijon-Brillenschötchen (Biscutella divinionsis) unterscheidet sich zwar rein äußerlich nur geringfügig von den naheverwandten Arten, doch haben genetische Untersuchungen ergeben, dass es sich um eine eigene Art handelt. Die Früchte sind zu zweit angeordnet und erinnern an die Brille von John Lennon. In Europa existieren deutlich mehr als

36 Biogeografen bezeichnen Arten, die nur in einem begrenzten Areal vorkommen, als »Endemiten«.

zehntausend Arten. Die wissenschaftliche Systematik, die auf den Schweden Carl von Linné[37] zurückgeht, schafft zwar Ordnung, doch bleibt die große Artenvielfalt eine Herausforderung auch für versierte Feldbiologen. Hinzu kommt, dass sich die Systematik im Laufe der Biologie-Geschichte geändert hat, Arten zusammengefasst oder aufgespalten wurden. Selbst, wenn die wissenschaftliche Bezeichnung mit Gattung und Artnamen eindeutig und stabil war, wechseln die deutschen Namen in den Regionen. Jedenfalls fällt es nicht leicht, den Überblick zu behalten. Und jeder der mehr als zehntausend europäischen Pflanzenarten einen deutschen Namen zu geben, ist auch keine einfache Aufgabe. Erst recht, die Namen im Kopf zu behalten und der jeweiligen Pflanze zuordnen zu können. Eselsbrücken sind da hilfreich. Die Gattung Biscutella habe ich in meinem Kopf jedenfalls als John-Lennon-Blümchen abgespeichert.

Über Nacht hat sich der Himmel zugezogen und leichter Nieselregen hat eingesetzt. Heute will ich nur dreieinhalb Kilometer bis Vougeot pilgern. Also bleibe ich im Bett und schlafe noch eine Runde. Doch irgendwann bin ich maximal ausgeschlafen und gehe trotz des leichten Regens los. Elegant überquere ich erneut die

37 1707–1778

In den Weinbergen blüht millionenfach die Acker-Ringelblume (Calendula arvensis), die im Saarland ausgestorben ist.

Straße. Jetzt, am späten Vormittag, ist wenig Verkehr und ich brauche nicht lange zu warten bis ich durch den Verkehr auf die andere Straßenseite schlüpfen kann. Nun geht es wieder sicher und stressfrei durch die Weingärten nach Vougeot. Zwischen den Reben blüht massenhaft die Acker-Ringelblume. Die gelborangefarbenen Blüten leuchten zwischen den Weinreben, wohin ich auch schaue. Im Saarland kam die Art in den Weinbergen an der Mosel vor, gilt seit den Fünfzigerjahren jedoch als ausgestorben. Hier blüht sie gleich millionenfach.

Als ich das kleine Hotel in Vougeot erreiche, bin ich durchnässt und hungrig. Das Hotel-Restaurant hat leider Ruhetag, doch gibt es im Ort ein weiteres Restaurant, das mir der Hotelier ans Herz legt. Offensichtlich handelt es sich um eine Fernfahrer- und Handwerkerkneipe, der Parkplatz ist vollgeparkt mit Camions und Lastkraftwagen. Ich ergattere einen der letzten freien Plätze im Speisesaal und bestelle das Tagesessen. Das Menü ist deftig und kalorienreich und die Portion ist so riesig, dass ich kämpfen muss. Aber inmitten der Lkw-Fahrer, allesamt kernige Burschen, die den humpelnden Sonderling mit der Jakobsmuschel am Rucksack und dem knorrigen Wanderstab kritisch beäugen, will ich keine Schwäche zeigen und esse brav meinen Teller leer. Bis zu meinem Hotelbett sind es nur knapp hundertfünfzig Meter, die ich notfalls auch zurückrollen kann. Nach diesem opulenten Mahl habe ich mir den Mittagsschlaf ehrlich verdient.

Für den Nachmittag habe ich mir vorgenommen, meine Klamotten zu waschen. Im Waschbecken weiche ich meine schmutzigen und verschwitzten Kleider der letzten Woche ein. Mit »Rei in der Tube« rubbele ich sie gut durch. Das Auswringen ist zwar mühsam, aber eine gute Übung für meine gelähmte linke Hand.

Während ich meine Klamotten über Stuhl, Heizung und Bettpfosten zum Trocknen aufhänge, schalte ich den Fernseher ein. Plötzlich halte ich inne. Auf dem Bildschirm ist die Notre-Dame in Paris zusehen. Rauchschwaden und dichter Qualm steigen auf, meterhohe Flammen schlagen aus dem Dach. Schnell wird mit klar, dass es sich nicht um einen Spielfilm handelt, sondern um eine Nachrichten-Sondersendung! Heute Nacht ist die Kathedrale Notre-Dame in Paris abgebrannt.

Dem Fernsehreporter steht das Entsetzen ins Gesicht geschrieben. Inzwischen haben die mehr als 600 Feuerwehrleute den Brand gelöscht. Todesopfer seien nicht zu beklagen. Über die Brandursache wird zu diesem Zeitpunkt nur spekuliert. Brandstiftung? Gar ein Attentat? Sofort schießen wilde Spekulationen ins Kraut. Augenblicklich fühle ich mich an den elften September erinnert. Ich klebe am Fernseher. Die Befürchtung bleibt laut, dass das gesamte Gebäude in sich zusammenstürzt. Der Vierungsturm war in der Nacht eingestürzt und hatte ein großes Loch in das brennende Dach des Mittelschiffes gerissen. Bis weit in die Nacht verfolge ich am Bildschirm das Geschehen, doch irgendwann übermannt mich die Müdigkeit und ich schlafe ein.

Als ich am nächsten Morgen im kleinen Frühstücksraum erscheine, stelle ich fest, dass ich der einzige Hotelgast bin.

»Haben Sie mitgekriegt, was gestern passiert ist?«, will der Inhaber des kleinen Hotels von mir wissen, kaum dass ich Platz genommen habe.

Ich spüre, wie sehr ihn die Feuerkatastrophe mitgenommen hat.

»Eine schreckliche Katastrophe, ein unglaublicher Verlust!«

Der Hotelier ergeht sich in Superlativen. Mir wird klar, welche emotionale Bedeutung Notre-Dame für die Franzosen hat. Ich spüre: Hier hat nicht irgendeine Kirche gebrannt. Das war ein tiefer Stich in die Seele der Franzosen. Wie ich mich wohl fühlen würde, wenn der Kölner Dom heute Nacht abgebrannt wäre? Ich will es mir nicht vorstellen und doch lässt mich diese schreckliche Vorstellung nicht los.

»Kirche, das sind nicht die Steine, Kirche das ist die

Gemeinschaft der Gläubigen. Kirche, das sind Menschen!«, will ich meinen Hotelier trösten, und doch weiß ich um den unermesslichen kulturellen Verlust.

Ich breche auf. Nach dem gestrigen Ruhetag steht heute ein große Etappe von elf Kilometer bis Corcelles-lès-Cîteaux an.

Es ist einer jener Umwege, die sein müssen. Unbedingt! Ich will nach Cîteaux, dem Mutterkloster des Ordens der Zisterzienser. Von Vougeot bis zum Kloster führt ein überregionaler Wanderweg, der »GR du Pays sur les Traces des Moines de Cîteaux«.[38] Die Entfernung liegt bei zwölf Kilometern. Eine Entfernung, die ich mir als Tagesetappe inzwischen zutraue, gute Wegebedingungen vorausgesetzt. Doch hat meine Anfrage bei den Mönchen ergeben, dass die Gästezimmer im Kloster alle ausgebucht sind und die Mönche keinen Platz haben, um mich die nächsten Tage zu beherbergen. Schade. Gerne hätte ich die Kartage und das Osterfest im Kreis der Zisterzienser erlebt, aber offenbar hatten auch andere schon früher die gleiche Idee und das Kloster ist ausgebucht. Die E-Mail-Nachricht der Mönche ist freundlich, aber bestimmt. Es bleibt mir nichts anderes übrig, als nach einer alternativen Unterkunft zu suchen. Zu meiner Überraschung stelle ich

38 Übersetzt: Land auf den Spuren der Mönche von Cîteaux.

fest, dass das Kloster alleine liegt und an das Kloster kein Dorf unmittelbar angrenzt. Die nächstgelegenen Dörfer Saint-Nicolas und Corcelles liegen knapp fünf Kilometer vom Kloster entfernt. Saint-Nicolas ist vierzehn Kilometer von Vougeot entfernt. Eine solche Entfernung traue ich mir noch nicht zu. Schließlich buche ich eine Unterkunft in Corcelles, das machbare elf Kilometer nördlich von Cîteaux entfernt liegt.

Die Häuser des Dorfes Gilly-lès-Cîteaux grenzen übergangslos an Vougeot an. Der Namenszusatz verrät, dass das Kloster eine überregionale Bekanntheit hatte.

Als ich durch den kleinen verschlafenen Ort laufe, bremst plötzlich ein Auto neben mir. Der Fahrer kurbelt die Scheibe herunter.

»Bonjour Monsieur«, spricht mich der Fahrer an »Darf ich Sie etwas fragen?« Ob ich ein Pilger sei, möchte er wissen, er habe die Jakobsmuschel an meinem Rucksack gesehen. Bevor ich ihm antworten kann, erklärt er mir, er sei Reporter des »Le Bien Public«, eine Zeitung, von der ich bisher nichts gehört hatte. Ob ich Zeit für ein kurzes spontanes Interview hätte, will der rasende Reporter wissen und außerdem würde er gerne ein Foto von mir machen. Ich willige ein. Ohnehin kann ich eine Pause gebrauchen und ich suche mir einen Sitzplatz vor dem kleinen Schloss von Gilly. Ich erkläre

Freddy – inzwischen hat der Reporter sein Auto geparkt und sich mit seinem Namen vorgestellt – dass ich aus dem schönsten Bundesland der Welt komme und den ganzen Weg zu Fuß gepilgert bin. Was ich über den Brand in der Notre-Dame denke, will er wissen.
»Ein riesiger kultureller Verlust«, antworte ich ihm, »aber der Reichtum der Kirche, das sind die Armen und Unterdrückten!«, antworte ich ihm in Anspielung an den Heiligen Laurentius und »die wichtigste Kirche in Frankreich ist nicht die Notre-Dame in Paris, sondern in Taizé«, erkläre ich dem verdutzten Reporter. »Hier treffen sich Tausende Jugendliche aus der ganzen Welt, um gemeinsam zu singen und zu beten.«
Ich bin mir nicht sicher, ob er verstanden hat, was ich ihm sagen wollte. Aber zumindest kennt er Taizé und hat fleißig mitgeschrieben. Freddy bedankt sich höflich, und muss weiter zum nächsten Termin.
Ich verlasse das Dorf und stelle fest, dass sich die Landschaft komplett gewandelt hat. Vor mir liegt das tellerebene Tal der Saône. Der Fluss liegt zwar noch einige Kilometer entfernt im Osten, hat aber den Boden des Grabenbruches mit Sedimenten aufgefüllt und eine fruchtbare Aue hinterlassen. Auch die Nutzung hat sich komplett gewandelt. Weit und breit ist kein Weinanbau mehr zu sehen. Auf den ausgedehnten Grün-

landflächen weiden Charrolais-Rinder. Es wird mir bewusst, dass es die ersten Rinder sind, die ich seit Tagen sehe. In der Nacht hat es geregnet und jetzt steigen Nebelschwaden aus dem feuchten Tal auf. Über die Landstraße gehe ich auf eine größere Waldfläche zu. Ich komme flott voran. Offensichtlich hat mir der gestrige Ruhetag gutgetan.

Als ich den Wald erreiche mache ich eine kurze Rast. Die artenreiche Krautschicht weist auf einen feuchten und mit Nährstoffen gut versorgten Standort hin. Typisch für einen Auewaldboden. Der Wanderweg zweigt nun von der Landstraße ab und führt durch den Wald weiter nach Cîteaux. Ich bleibe jedoch auf der D 25. Das Verkehrsaufkommen ist erträglich. Die Straße ist weithin einsehbar und jedes Mal, wenn mir ein Auto entgegenkommmt, gehe ich zwei Schritte in den Grünstreifen. Nach etwa zwei Stunden erreiche ich Epernay-sous-Gevrey. Am Ortseingang bitte ich einen Mann, meine Wasserflasche wieder aufzufüllen. Auf einer kleinen Grünfläche raste ich und strecke alle Viere aus. Die Hälfte der Strecke ist geschafft, aber immerhin sind es noch fast fünf Kilometer bis zu meiner Unterkunft.

Meine Spastik ist auf dem letzten Kilometer bereits merklich angestiegen. Nach der Ruhepause gehe ich wieder etwas leichter, doch bald ist der Erholungseffekt verpufft und das Gehen wird langsam zur Qual. Zum ersten Mal in diesem Pilgerjahr erreiche ich meine Grenze. Und noch immer sind es mehr als drei Kilometer bis zum Ziel.

Irgendwie muss es gehen. Irgendwie wird es gehen. Und irgendwie geht es auch.

Auf einem kleinen Platz in der Ortsmitte von Corcelles ruhe ich mich auf einer Sitzbank aus, bevor ich die noch verbleibenden fünfhundert Meter in Angriff nehme. Inzwischen habe ich GoogleMaps auf meinem Handy installiert und somit präzise Informationen über den Weg und die noch vor mir liegenden Entfernungen. Mein Ziel liegt in einem kleinen modernen Haus am Ortsrand und grenzt an den Wald. Die Vermieterin empfängt mich mit einem großen Glas Wasser und einem Stück Zitrone. Köstlich! Obwohl ich seit dem Frühstück im Hotel nichts mehr gegessen habe, lehne ich das angebotene Abendessen dankend ab. Ich bin zu müde, um zu essen. Ich will schlafen. Nur noch schlafen.

DRITTES KAPITEL,

in dem ich der Wiege der Zisterzienser einen Besuch abstatte und an Ostern mit der saarländischen Bierkönigin einen sündhaft teuren Wein trinke …

Gründonnerstag, 18. April:
Von Corcelles-lès-Cîteaux über Cîteaux nach Nuits-Saint-Georges 13 Kilometer (im Auto)

Karfreitag, 19. April:
Nuits-Saint-Georges (Ruhetag)

Karsamstag, 20. April:
Von Nuits-Saint-Georges nach Comblanchien 4,8 Kilometer

Am nächsten Morgen steckt mir noch immer die Etappe vom Vortag in den Knochen. Eine Tagesetappe von elf Kilometern geht nur in Ausnahmefällen, aber nicht jeden Tag. Noch nicht. Gut, dass die kommenden Ostertage ruhiger werden. Als Alternative zu dem Aufenthalt im Kloster habe ich eine kleine Ferienwohnung im Stadtzentrum von Nuits-St.-Georges gebucht.

Doch zunächst will ich dem Kloster in Cîteaux einen Besuch abstatten. Ich starte früh. Meine Zimmerwirtin muss zur Arbeit und möchte das Haus um halb acht verlassen. Ein kleines Frühstück mit einer großen Tasse Milchkaffee auf der Terasse und schon geht es weiter. Die fünf Kilometer führen über die D996, die an diesem Morgen stark befahren ist. Am Ortsrand entschließe ich mich zu trampen und halte meinen Daumen in den Wind. Es dauert nur wenige Minuten bis das erste Auto anhält und mich mitnimmt. Auf dem großen Parkplatz des Klosters angekommen stelle ich fest, dass in der Zwischenzeit eine What'sApp-Nachricht eingegangen ist. Guido Britz hat geschrieben, er sei auf dem Weg nach Süden und fragt, ob wir uns treffen wollen. Sofort rufe ich ihn an und erfahre, dass er ganz in der Nähe von Nuits-Saint-Georges übernachtet hat. »Komm nach Cîteaux«, bitte ich ihn. »Du findest mich in der Klosterkirche!«

Kirche und Klostergebäude sind gerade erst knapp hundert Jahre alt. Die Zerstörungen der französischen Revolution hatten auch hier keinen Stein auf dem anderen gelassen und es hat hundert Jahre gedauert bis das Mutterkloster aller Zisterzienser im Jahr 1898 wieder von Mönchen besiedelt wurde. Auch heute leben und beten noch rund 30 Mönche an diesem Ort. Wie mir ein Foto von der Homepage der Mönche zeigt, sind auch viele jüngere darunter.
Als ich die helle, lichtdurchflutete Kirche betrete, sehe ich im Eingangsbereich einen Grundstein. 1098 ist hier gut sichtbar eingemeisselt. Auch, wenn es sich nicht um den originalen Grundstein handelt, so erin-

Die Zeitgenössische Klosterkirche von Cîteaux

Vor 925 Jahren gründete Robert von Molesmes das Kloster Cîteaux.

nert er doch eindrucksvoll an die lange Geschichte der Zisterzienser.

Im Jahr 1098 hatte Robert, der Abt des bedeutenden Benediktinerklosters von Molesmess im Norden Burgunds, seine Abtei verlassen, um hier in den feuchten Wäldern der Saône-Niederung in aller Abgeschiedenheit einen Neubeginn zu wagen. Robert war bereits 70 Jahre alt – im Mittelalter ein wahrhaft beachtliches Alter. Er hätte sich auf seinen Lorbeeren ausruhen und die Früchte seines Lebens genießen können. Immerhin hatte er ein Vierteljahrhundert zuvor die Abtei Molesmess im Norden Burgunds gegründet und zu Blüte und Wohlstand geführt. Aber gerade darin lag nach der Ansicht von Robert das Problem. Das Leben in der wohlhabenden Abtei war bequem geworden. Zu bequem. Robert wollte zurück zu den benediktinischen Anfängen. Begleitet von 20 weiteren Mönchen wollte der Siebzigjährige in die noch unerschlossenen und sumpfigen Wälder in der Saône-Niederung, um hier nach der ursprünglichen und unverfälschten Regel des Heiligen Benedikts zu leben.

Doch dem damaligen Papst gefiel das überhaupt nicht. Urban II., der vormals selbst unter dem Namen Hildubrand benediktinischer Mönch in Cluny gewesen war, beorderte Robert wieder zurück nach Molesmes und befahl Robert, seine Pflichten als Abt von Molesmes zu erfüllen.

Seine Mitbrüder Alberich und Stephan Harding führten das »Neue Kloster« durch die schwierigen Anfangsjahre. Einen Entwicklungsschub nahm Cistercium, wie das Kloster nun genannt wurde, als Bernhard an die Klosterpforte pochte. Gemeinsam mit 30 weiteren jungen Männern begehrte er Aufnahme in das Kloster. Bernhard, der aus adeligem Hause stammte, hätte ohne Weiteres Aufnahme in Cluny oder einem anderen wohlhabenden Kloster gefunden, aber er hatte sich das ärmste und bescheidenste Kloster ausgesucht, das weit und breit zu finden war. Er wollte dem Wohlstand, in den er hineingeboren war, entsagen und suchte die Kasteiung. Ein Wesenszug, den er sein ganzes Leben hindurch beibehielt. Nach einem Jahr als Novize legte er im Alter von 24 Jahren vor Stephan Harding, der inzwischen zum dritten Abt gewählt worden war, sein ewiges Mönchsgelübde ab. Harding erkannte offenbar schon früh den großen Eifer und die Ernsthaftigkeit des jungen Bernhard. Schon ein Jahr später beauftragte er Bernhard mit der Gründung eines Tochterklosters.[39] Unter den zwölf Mönchen[40], die loszogen, um das einsame Tal drei Tagesmärsche von Cîteaux entfernt zu besiedeln, befanden sich die vier Brüder Bernhards, sein Onkel Gaudri und die beiden Cousins, die allesamt gemeinsam mit Bernhard in Cîteaux eingetreten waren. Ein echtes Familienunternehmen. Das Tal war von einem weiteren Cousin zur Verfügung gestellt worden.

Im gleichen Jahr erfolgte eine weitere Ausgründung von Cîteaux: Morimond. Die Zahl und Blüte der Neugründungen zeigte, welch enormen Zulauf die Klös-

39 Clairveaux war nach La Ferté und Pontigny die dritte Ausgründung von Cîteaux innerhalb von drei Jahren!

40 Die Zahl Zwölf war nicht zufällig gewählt, sondern stand für die zwölf Apostel.

Karfreitag-Liturgie in Cîteaux. Foto: Christel Reith

ter hatten. Scharenweise begehrten junge Männer die Aufnahme in die Klöster, nicht nur in Cîteaux und seinen Tochtergründungen.

In Europa herrschte seit einigen Jahrzehnten eine klimatische Wärmeperiode. Historiker sprechen von einer

»mittelalterlichen Warmzeit«.[41] Um 1050 lebten in Europa etwa 46 Millionen Menschen in Europa, hundert Jahre später waren es bereits 50 Millionen Menschen, um 1200 dann 61 Millionen und am Ende der Expansionsphase um 1300 nicht weniger als 73 Millionen. Günstige Klimabedingungen hatten zu guten Ernten und damit zu einem Anwachsen der Bevölkerung geführt. Das Hochmittelalter war die Zeit der Landnahme. Wälder wurden gerodet, Sümpfe trockengelegt, Städte gegründet. Europa blühte auf.

Doch das Anwachsen der Klöster war mehr als eine Folge der Zunahme der Bevölkerungszahl. Es war eine Jugendbewegung, die hier stattfand und für lange Zeit Europa prägen sollte. Auch wenn der Gründungsabt Robert mit seinen 70 Jahren zu den älteren Semestern gehörte, es waren vor allem junge Männer, die Burg, Haus und Hof verließen, um dem weltlichen Leben zu entsagen und in den Klöstern Gott zu suchen.

Mit gerade mal 25 Jahren war Bernhard Gründungsabt eines Klosters, das in den folgenden Jahrzehnten zu den einflussreichsten in ganz Europa werden sollte. Als Bernhard im Jahr 1153 starb, waren von Clairvaux aus 68 Tochterklöster und weitere 97 Enkelklöster gegrün-

41 Zu empfehlen: Wolfgang Behringer (2019): Kulturgeschichte des Klimas.

det. Rechnerisch waren das fünf Klostergründungen pro Jahr, seit er erstmals an die Pforte von Cîteaux geklopft hatte. Die stramme Organisation der weissen Mönche funktionierte in ganz Europa, auch ganz ohne E-Mail und Telefon. Bischolf Arnulf von Lisieux schrieb 1154 »die Wüsten[42] beherbergen heute mehr Mönche als früher wilde Tiere«. Und heute? Inzwischen gibt es in Europa wieder mehr Wölfe als Zisterzienser.

Die neue Kirche ist hell, freundlich und lichtdurchströmt. Ich nehme in einer der hinteren Bänke Platz und bete. Danke mein Gott, dass du mich hierhergeführt hast, mir die Kraft und den Willen geschenkt hast zu pilgern! Danke.

Inzwischen ist ein junger Mönch im charakteristischen weißen Habit der Zisterzienser in den Chor der Kirche getreten und hat begonnen, Flöte zu spielen. Tonleiter rauf und wieder runter. Kurze Passagen, die er wieder und wieder spielt. Gespannt lausche ich seinen Übungen. Offensichtlich hat er mich nicht bemerkt. Ich freue mich über die unerwartete Konzerteinlage. Als der Mönch nach einer Weile seine Übung beendet hat und den Chorraum verlässt, bin ich alleine in der Kirche und nutze die Gelegenheit, um meinen Psalm zu singen. Natürlich kann mein Gesang sich nicht mit dem me-

42 Gemeint waren die noch unerschlossenen Wälder.

lodischen Flötenspiel des Zisterziensermönches messen, aber ich singe aus voller Brust und mit ganzem Herzen.
Als ich die Kirche verlasse, kommt mir Guido entgegen. Schon an seinem Gang sehe ich, dass er unter Druck steht. Nein, die Kirche möchte er nicht sehen. Keine Zeit, ein anderes Mal.
»Wir könnten in dem Park des Schlosses, in dem ich übernachtet habe, picknicken«, schlägt Guido vor und ich willige ein.
Zuvor erwerben wir im Klosterladen noch ein ordentliches Stück Käse und fahren nach Vosne-Romanée. Hier hat Guido wohl schon häufiger übernachtet und Familienurlaube verbracht. Unter einem Baum suchen wir uns ein schattiges Plätzchen. Guido verschwindet kurz im Haus und kehrt nach wenigen Minuten mit einer Flasche Pinot Noir und zwei Gläsern zurück. Ein Stück Baguette habe ich noch im Rucksack. Tief atme ich ein und genieße die beschauliche Situation. Schade, dass Guido schon bald aufbrechen will.
»Pünktlich zum Abendessen muss ich in Montpellier sein. Morgen früh halte ich dort eine Gastvorlesung und dann werde ich über Ostern ein paar Tage Urlaub am Mittelmeer machen.«
Ich bitte Guido, mich nach Nuits-Saint-Georges zu bringen. Als ich am Rand der Altstadt sein Auto verlasse,

Picknick im Schlosspark von Vosne-Romanée.

spüre ich wie Anspannung und Hektik von mir abfallen. Guido steht selbst auf dem Weg in den Urlaub unter spürbarem Druck und diese Anspannung hat sich in den letzten beiden Stunden auf mich übertragen.

Meine Ferienwohnung habe ich schnell gefunden. Sie liegt im Erdgeschoss eines kühlen Stadthauses in einer kleinen Seitenstraße mitten im Stadtzentrum und weist sogar einen kleinen Garten auf. Hier werde ich mich die nächsten Tage wohlfühlen.

Am nächsten Morgen ist Ausschlafen angesagt. Doch dann steht schon die erste Herausforderung an. Der Einstieg in die Dusche, eher eine Sitzbadewanne, ist 50 Zentimeter hoch. Kurz überlege ich, es mit Stabhochsprung zu versuchen, aber schließlich schaffe ich es auch so.

Auf dem Platz vor dem Rathaus frühstücke ich in der Frühlingssonne und schlendere über den Wochenmarkt. Ich liebe französische Märkte und verbringe den Rest des Vormittags in diesem echten Schlaraffenland. Hier gibt es so viel zu riechen und zu schauen. Nachmittags unternehme ich einen Spaziergang zur spätromanischen Kirche Saint Symphorien, die außerhalb der Stadtmauern liegt. Der gesamte Spziergang ist gerade mal zweieinhalb Kilometer lang, aber ich spüre, wie nötig ich die Ruhepause brauche.

Abends besuche ich die Karfreitagsliturgie in der Stadtkirche Saint-Denis inmitten einer lebendigen Kirchengemeinde.

Früh am nächsten Morgen überrascht mich ein Telefonanruf. Bianca hat in meinem täglichen Pilgerbulletin gelesen, dass ich nicht wie ursprünglich vorgesehen Ostern im Zisterzienserkloster verbringe, sondern eine schnuckelige Stadtwohnung in Nuits-Saint-Georges bezogen habe.

»Hast du Platz für mich? Darf ich zu einem Überraschungsbesuch vorbeikommen. Ich könnte morgen Mittag bei dir sein.«

»Klaro«, antworte ich einigermassen überrascht.

»Das ist eine prima Idee. Ruf an, wenn du die Autobahn verlassen hast. Dann treffen wir uns in den Weinbergen zwischen Nuits-Saint-Georges und Comblanchien.«

Am nächsten Morgen frühstücke ich erneut auf dem belebten Platz neben dem Rathaus, als mich ein Herr anspricht und sich als Diakon von Saint-Denis zu erkennen gibt.

»Gestern Abend habe ich Sie bei

Samedi 20 avril 2019

GILLY-LÈS-CÎTEAUX Han

Un pèl
pas co

Victime d'un AVC en 2012, Stefan Mörsdorf, ancien ministre allemand de l'Environnement s'est lancé le défi de rejoindre Compostelle à pied, sans accompagnement, depuis sa Sarre natale, malgré sa paralysie du côté gauche. Il est passé par Gilly.

Cet homme déambule dans l
rue Marcel-Bouchard à Gi
ly-lès-Cîteaux. Il marque le
mètres parcourus du bruit de
canne qui heurte la route. S
sac à dos affiche la coqui
Saint-Jacques, emblème d
pèlerins de Compostelle, en
pagne. Son pas désordonné e
cadence lente interrogent et
spirent le respect. Il a du m
avancer, mais semble déterm

Neuf heures de marche par

uns in der Kirche gesehen. Und heute habe ich in der Zeitung, gelesen, dass Sie ein Pilger aus Deutschland sind. Warten Sie mal einen Augenblick.«

Für einen kurzen Moment verschwindet der Mann in einem Laden und kehrt mit einer Zeitung zurück, die er mir in die Hand drückt.

»Hier schauen Sie! Da ist ein Foto von Ihnen.«

In aller Ruhe lese ich mit Vergnügen den Zeitungsartikel. Offenbar hat Freddy doch verstanden, was ich ihm vor einigen Tagen sagen wollte … Natürlich schmeichelt der Zeitungsartikel meiner Eitelkeit.

de Compostelle
les autres

BIO EXPRESS

Stefan Mörsdorf, marié et père de deux enfants, a été membre de la CDU (Union chrétienne-démocrate). Il est membre du Bund depuis les années 1980. Il a été vice-président de l'État et, pendant dix ans, président de l'Union allemande pour la protection de la nature. En 2010, il a été directeur de la fondation Asko Europa et, en 2011, directeur général de l'Académie européenne Otzenhausen. Il est actuellement chargé de cours à l'université de Trèves.

marcher. Mais il ne s'agissait pas là de ses premiers combats. Il en a mené bien d'autres pour défendre l'écologie quand il était ministre de l'environnement du Land de la Sarre, de 1999 à 2009.

De 2012 à 2015, il a réussi à améliorer sa santé avec pour objectif le pèlerinage de Compostelle. Il a démarré son périple en 2016, en traversant le Palatinat jusqu'à Metz (Moselle). En 2017, il a marché de Metz à Neufchâteau (Vosges). En 2018, il a con-

Depuis une semaine, il est reparti. Il veut rejoindre Cluny (Saône-et-Loire). L'année

Pyrénées, à cause du dénivelé. « J'ai écrit un livre tiré de mon expérience : *Schritt für schritt*, en français "Pas à pas" pour donner de l'espoir aux handicapés et les encourager. Ma foi chrétienne ma beaucoup aidé dans ma bataille contre mon handicap et elle est déterminante à chaque pas que je fais. En tant que chrétien, j'ai une pensée particulière pour Notre-Dame de Paris et les Français. Mais n'oublions pas, les vrais trésors de ses cathédrales », conclut le pèlerin, avant de repartir pour ses dix derniers kilomètres de la journée.

»Alles unter dieser Sonne ist eitel.« Dieser Satz stammt nicht von Dieter Bohlen, sondern aus dem Buch der Prediger.[43]

Sorgfältig verstaue ich den Zeitungsartikel in meinem Rucksack.

Mit dem Aufbruch lasse ich mir Zeit. Pünktlichkeit gehört nicht zu den Eigenschaften von Bianca. Sie hat ihre Ankunft für die Mittagszeit angekündigt, das heißt frühestens wird sie um drei Uhr ankommen. Gemütlich verlasse ich das Kleinstädtchen und überquere den Meuzin, einen munter plätschernden Bach am Stadtrand. Jetzt bin ich wieder in den Weinbergen der Côte d'Or.

Obwohl ich zum ersten Mal hier bin, kommt ein heimatliches Gefühl in mir auf. Die Abfolge der Landschaftselemente, die Bodennutzung, die Vegetation, die Siedlungsstruktur, all dies ist entlang der gesamten Côte d'Or sehr ähnlich und mir deshalb inzwischen vertraut. Ja, ich kann mir gut vorstellen, dass es für die Mönche im 11. Jahrhundert ein echtes Opfer gewesen sein muss, diese anheimelnde Landschaft zu verlassen und die Wälder in den feuchten Tälern urbar zu machen. Aber sie suchten ja die Herausforderung und Askese. Von Bernhard

43 Das »Buch der Prediger«, das zu den »Weisheitsbüchern« des Alten Testament gehört, stammt aus dem 3. Jahrhundert vor Christi.

wissen wir, dass er den Benediktinern von Cluny vorwarf, zu weltlich zu leben. Er selbst allerdings betrieb die Askese exzessiv. Schon in jungen Jahren hatte Bernhard eine Eßstörung. Er magerte durch seine Ernährung völlig ab und wurde chronisch magenkrank.[44] Das Leiden führte er bewusst herbei und verbrämte es theologisch. Bei allem Respekt vor diesem bedeutenden Heiligen: Hier war Bernhard schief gewickelt. Gott ist menschenfreundlich und Jesus fordert uns explizit auf, uns selbst anzunehmen und zu lieben.

»Du sollst deinen Nächsten lieben wie dich selbst.«[45] Das »wie« bedeutet in diesem Satz »sowie« und meint damit, du sollst dich selbst annehmen und lieben und genauso sollst du deine Mitmenschen lieben. Jesus betont auf Nachfrage, dass dieses das wichtigste Gebot sei. Das krasse Gegenteil von dem, was Bernhard tat, der sich fortwährend selbst kasteite und seinem Körper schweren Schaden zufügte. Auch Heilige sind nur Menschen, können irren und verhalten sich nicht immer christlich.

Mit diesen Überlegungen pilgere ich durch die Frühlingssonne. Im Gegensatz zu Bernhard will ich meine

44 Noch 1000 Jahre später lässt sich aus den Quellen eine Anorexia nervosa diagnostizieren.

45 Markus 12, 29-31.

Sinne nicht abtöten, sondern schärfen. Und ich verbiete mir nicht das Genießen und den Genuss. Trotzdem oder gerade deswegen habe ich in den zurückliegenden Wochen – wie jedes Jahr – gefastet. 40 Tage lang keine Schokolade und keinen Alkohol.

Da zwischen Aschermittwoch und Ostern 46 Tage liegen, sind die sechs (Sonn)tage fastenfrei. Diese Regelung, die bereits aus dem 5. Jahrhundert stammt, erleichtert das Durchhalten deutlich. Fasten bedeutet, Freiheit wiederzugewinnen oder zu stärken. Unabhängig zu sein, auch von liebgewordenen Gewohnheiten. Einer der wesentlichen Gründe, warum die Zisterzienser sich von den Benediktinern abspalteten und ihr eigenes Ding machten. Nach meiner Überzeugung ein Irrweg. Während ich solchen Gedanken nachhänge und die wärmende Frühlingssonne genieße, klingelt mein Telefon. Bianca hat die Autobahn verlassen und wird in einer halben Stunde hier sein.

»Stell das Auto in Premeaux-Prissey ab und geh hangaufwärts in die Weinberge«, bitte ich sie.

»Dann werden wir uns schon finden. Du erkennst mich an meinem Pilgerstab«, füge ich scherzend hinzu. Schon von weitem sehe ich Bianca und winke ihr mit meinem Pilgerhut zu.

»Schön, dass du da bist. Hattest du eine gute Fahrt?«,

begrüße ich sie und nehme sie in den Arm.
Sofort merke ich, dass sie unter Stress steht.
»Du wirkst urlaubsreif! Ein paar ruhige Pilgertage werden dir guttun.«
»Ja, die letzten Wochen war viel los und ich könnte Urlaub gebrauchen, aber ich habe leider keine Zeit. Morgen um zwei will ich spätestens wieder im Saarland sein.«
Innerlich schüttele ich den Kopf. Ich kenne Bianca nun schon seit mehr als zehn Jahren und habe nur selten erlebt, dass sie nicht unter Zeitdruck und Stress steht. Als ich sie kennenlernte, war sie gerade zur »Mettlacher Bierkönigin« gekürt worden. Sie übte diese Aufgabe mit Geschick und großem Engagement aus. Mit Charme und Fleiß warb sie für das leckere Bier und entwickelte sich zur sympathischen Botschafterin für Bier und unser Saarland. Dabei entstand ein Netzwerk an Kontakten in die Politik und Gesellschaft. Entsprechend häufig waren und sind ihre gesellschaftlichen Verpflichtungen. Seit Jahren hetzt sie von einem Termin zum nächsten, und so überrascht es mich nicht, dass Bianca wie immer keine Zeit hat.
»Schön, dass du gekommen bist und mich ein Stück begleitest.«
»Jeden Abend habe ich deine Pilger-Bulletins gelesen und dabei große Lust bekommen, mit dir zu pilgern.«

Landschaft zwischen Nuits-Saint-Georges und Comblanchien.

Für einen Augenblick überlege ich, ob ich Bianca erkläre, dass man zum Pilgern Zeit, Ruhe und Muße braucht und nicht mal schnell zwischen zwei Terminen und nach einem halben Tag auf der Autobahn mal schnell ein paar Stunden pilgern kann, nur weil man sich einen Rucksack mit einer Jakobsmuschel umschnallt. Aber ich lasse es sein. Ich bin ein Vierteljahrhundert älter als Bianca und will nicht altväterlich und besserwisserisch erscheinen, andererseits kenne ich sie gut genug um zu wissen, dass sie das nicht hören will. Stattdessen antworte ich nur. »Schade. Ich bin mir sicher, ein paar Tage mehr hätten dir sicherlich gutgetan…«

Auf der Landkarte zeige ich ihr unsere Pilgerstrecke. »Comblanchien. Das ist unser Tagesziel. Dann gehen wir zu deinem Auto nach Premeaux-Prissey und fahren in unsere Unterkunft nach Nuits-Saint-Georges.« Gemütlich und entspannt schlendern wir durch die Weinberge. Nach einer Weile rasten wir auf einer Kalksteinmauer und verzehren ein Stück des Zisterzienser-Käse, den ich in Cîteaux eingekauft habe.

»Heute Abend findet in der Markthalle eine Weinmesse statt, hast du Lust?«, schlage ich Bianca vor, die sofort einwilligt.

Am Oberhang haben sich riesige Steinbrüche in den Berg gefressen.

»Die Carrières de Comblanchien sind weithin bekannt für ihre hervorragenden Werksteine. Die hier abgebauten Kalksteine besitzen eine hohe Dichte und lassen sich gut schleifen und polieren. Dann sehen sie aus wie Marmor.«

Bianca interessiert sich nicht wirklich für die regionale Geologie, hört aber höflich zu.

»Das 600-Seelen-Dorf, das wir bald erreichen, hat dem Stein den Namen gegeben: Comblanchien.«

Im Ort überqueren wir die D 914 und gehen auf die Dorfkirche zu. Mein Blick fällt auf eine große Gedenktafel auf dem Kirchenvorplatz. Ich bin schockiert, als ich lese, was hier geschah.

Im August 1944 befanden sich die deutschen Truppen auf dem Rückzug und führten eine Terroraktion gegen

das kleine Dorf und seine Bewohner durch. Am Abend des 21. August 1944 überfielen deutsche Feldgendarmen das Dorf, setzten die Häuser in Brand und trieben die flüchtenden Menschen auf dem Dorfplatz zusammen. Acht Personen wurden in dieser Nacht wahllos erschossen. Genau vier Jahre später, im August 1948 wurde das Denkmal von Steinmetzen und Steinbrucharbeitern in ehrenamtlicher Arbeit errichtet und eingeweiht.
Ich verharre einige Minuten vor dem Denkmal und lese die eingemeisselten Namen. Das älteste der Opfer war mit 72 Jahren der Steinmetz Adrien Simonnot, das jüngste Opfer war der achtzehnjährige Landarbeiter Marcel Julien. Die Dorfkirche, deren Dachgestühl in dieser Nacht ebenfalls abgebrannt war, ist geöffnet. Wir setzen uns in eine der vorderen Kirchenbänke und im stillen Gebet gedenke ich der Opfer.
Um nach Premeaux-Prissey zu kommen, wählen wir einen Weg, der durch die Felder entlang der Bahnlinie führt. Als wir das Auto von Bianca an der Kirche erreichen, ist es gerade 18 Uhr und ich spüre, dass ich für heute genug gelaufen bin.
Bevor ich in das Auto einsteige, müssen wir zunächst den Beifahrersitz leerräumen. Klamotten, Schuhe, Taschen türmen sich und lassen mich an einen Wühltisch im Schlussverkauf denken.

Ein Denkmal vor der Kirche erinnert an die Opfer des schrecklichen Verbrechens, das die deutsche Wehrmacht am 21. August 1944 hier verübt hat.

»Leg' einfach alles auf die Rückbank«, bittet mich Bianca. Kurze Zeit später sind wir in Nuits-Saint-Georges angekommen und ich kann mich noch eine Stunde ausruhen und regenerieren, bevor wir durch die mittelalterlichen Gassen hin zur Markthalle gehen. Wir lö-

Beim Verlassen der Dorfkirche von Comblanchien. Foto: Bianca Molitor

sen am Eingang unsere Eintrittskarten und erhalten jeweils ein Weinglas, das uns berechtigt an Ständen die angebotenen Weine zu verkosten. In der Markthalle herrscht reges Treiben.
»Wir sollten uns zuerst einen Überblick verschaffen«, schlage ich Bianca vor.«
Es ist nicht zu schaffen, alle angebotenen Weine zu verkosten. Wir verständigen uns, dass wir uns auf die Weingüter aus der Region konzentrieren und auf die Weine aus dem Languedoc sowie die Bordeaux-Weine verzichten. Aber selbst das ist nicht zu schaffen. Der Wein steigt mir in den Kopf, zumal gerade vierzig alkoholfreie Fastentage hinter mir liegen.
»Den Wein müssen wir in jedem Fall noch probieren.«
Bianca schleppt mich zu einem Weinstand, der von einer Menschentraube umlagert wird. Hier verkosten wir einen Pinot Noir, der im Verkauf 280 Euro/Flasche kostet. Zweifelsohne ein sehr guter Wein, doch gelingt es mir nicht, einen Unterschied zu den anderen verkosteten Weinen zu schmecken, die bereits für ein Zehntel des Preises zu haben sind.
Nicht einmal die Hälfte der Weinstände haben wir geschafft, als wir uns in den Garten unserer Ferienwohnung zurückziehen. Mit der saarländischen Bierkönigin eine burgundische Weinmesse zu besuchen, ist

Weinprobe mit Bierkönigin.

zweifelsohne ein Vergnügen, aber auch eine Herausforderung. Irgendwie habe ich meinen »toten Punkt« überwunden, und noch lange sitzen wir in dem gemütlichen Innenhof und führen tiefgründige und ernsthafte Gespräche. Dabei trinken wir eine Flasche Mettlacher Abteibräu, die Bianca unter den Kleiderbergen in ihrem Auto verstaut hatte und bei unserer Ankunft in den Kühlschrank geschmuggelt hatte.

Am nächsten Morgen setzt mich Bianca vor der Kirche von Comblanchien ab. Für die Ostermesse hat sie keine Zeit. Der nächste Termin wartet. Spätestens um Zwei will sie wieder zuhause sein. Rastlos. Ruhelos. Sie fährt weiter Richtung Autobahn, während ich in der vollbesetzten Kirche die Ostermesse besuche.

Zuvor habe ich noch eine Blume an dem Denkmal für die Ermordeten des 21. August 1944 niedergelegt und gebetet. Wirkliche Osterfreude kommt in dieser Messe nicht bei mir auf, zu sehr hängen meine Gedanken an dem schrecklichen Geschehen, das sich hier ereignet hat.

VIERTES KAPITEL,

in dem ich in einem knallroten Zigeunerwagen übernachte, mir klar wird, dass ein lang gehegter Traum in Erfüllung gegangen ist und ich zusammen mit meinem Neffen Alexander einen richtig tiefen Graben überquere …

Ostersonntag, 21. April:
Von Comblanchien nach Ladoix-Serrigny 4,8 Kilometer

Ostermontag 22. April:
Von Ladoix-Serrigny nach Chorey-lés-Beaune
3,6 Kilometer

Dienstag, 23. April:
Von Chorey-lés-Beaune nach Beaune 3,6 Kilometer

Mittwoch, 24. April:
Von Beaune nach Volnay 5,6 Kilometer

Donnerstag, 25. April:
Von Volnay nach Meursault 3,5 Kilometer

An den letzten Tagen waren mir immer wieder große Strohrundballen aufgefallen, die irgendwo am Weg abgelegt waren. Ich hatte vermutet, dass das Stroh zur Bodenverbesserung in den Weinbergen ausgebracht werden sollte. Dies hatte mich zwar gewundert, weil die Bodenbearbeitung weitgehend abgeschlossen war. Aber ich hatte mir weiter nichts dabei gedacht.

Nun sehe ich, dass ich mich geirrte habe. In der vergangenen Nacht waren die Strohballen angezündet und abgeflämmt worden. Damit sollte verhindert werden, dass die gefürchteten Spätfröste den wertvollen Weintrieben schadeten. Schade, dass ich das in der letzten Nacht nicht gesehen habe, wie in den Weinbergen hunderte von Feuern brannten.

Auf der Herfahrt habe ich auf einem riesengroßen Schild neben der Autobahn gelesen, dass die »Climats de Bourgogne«

Die »Climats« gehören zum Weltkulturerbe.

von der UNESCO zum Weltkulturerbe[46] erklärt worden sind. Wie kann man ein Weinbauklima in Zeiten des Klimawandels schützen? Hatte ich mich gefragt und bei der Recherche hinzugelernt, dass »Climats« nicht gleichbedeutend mit Klima ist, sondern in Burgund auch das »Terroir« bezeichnet. Jede dieser Rebflächen, die durch eine Kalksteinmauer eingehegt ist, besitzt ihren ganz eigenen Charakter, der sowohl kulturell durch die tausendjährige Geschichte als auch naturbedingt durch die Bodenbeschaffenheit, die Ausrichtung und das Mikroklima geprägt ist. Alles zusam-

Die Rebsorte »Gamay« wurde von Philipp dem Guten verschmäht.

46 Seit 2015 gehören 1247 »Climats« zwischen Dijon und Les Maranges zum UNESCO-Weltkulturerbe.

men führt zu einem charakteristischen und besonderen Geschmack der Weine, die aus einer einzigen Rebsorte gekeltert werden. Für die Rotweine wird ausschließlich die Rebsorte Pinot Noir verwandt. Das war nicht immer so. Wie so vieles in Burgund ist die Dominanz dieser Rebsorte Philipp dem Guten zu verdanken. Der burgundische Herzog ordnete an, dass in seinem Herrschaftsgebiet ausschließlich diese Rebsorte angebaut werden dürfe und verbot den Anbau weiterer Rotweinsorten. Eine folgenreiche Entscheidung: Bis heute zeichnet die Anbaugrenze zwischen den Rebsorten »Gamay« und »Pinot Noir« die historische Grenze des Beaujolais nach.

Die Weißweine Burgunds werden zum allergrößten Teil aus der Rebsorte Chardonnay gekeltert. Der Chardonnay stammt aus dem Burgund und verdankt seinen Namen einem winzigen Dorf in der Nähe von Mâcon. Der Klimawandel wird auch vor dem UNESCO-Prädikat nicht halt machen. Glücklicherweise besitzt die Rebsorte Chardonnay eine hohe Anpassungsfähigkeit an das Klima, während der Pinot Noir weinbaulich als schwierig gilt. Auch wenn der Klimawandel Veränderungen hervorrufen wird, ich bin mir sicher, die burgundischen Weinbauern werden auch noch in einigen Jahrzehnten hervorragenden Wein hervorbringen.

Mittagsrast im Stroh.

Einer der Strohballen wurde offenbar beim Anzünden vergessen. Ich nutze die weiche Strohunterlage für eine Mittagsrast. Schon nach wenigen Minuten schlafe ich ein. Nach kurzem tiefen Schlaf gehe ich weiter und erreiche gegen Nachmittag Ladoix-Serrigny. Hier habe ich für die kommende Nacht eine besondere Übernachtung reserviert. Ein knallroter Schäferwagen steht gut 200 Meter vom Wohnhaus des Vermieters entfernt in einer Baumgruppe. Die Einrichtung des Schäferwagens[47] ist einfach und zweckmäßig. Eigentlich besteht sie vor allem aus einer großen Liegefläche. Angebaut ist eine kleine Terrasse mit Tisch und Sitzgelegenheit. Außerdem gibt es elektrisches Licht und eine Steckdose. Toilette und Badezimmer befinden sich im Wohnhaus. Nachdem ich mich mit meinen wenigen Habseligkeiten eingerichtet und mein rosafarbenes Ladekabel eingestöpselt habe, gehe ich zum Wohnhaus und will unter die Dusche. Das Bad ist modern und chic. Der Einstieg in die Dusche ist barrierefrei. Ich ziehe mich im Stehen aus und genieße die heiße Dusche und brause Pilgerschweiß und Straßenstaub ab. Nachdem ich mich abgetrocknet habe, stelle ich fest, dass es im Bad keine Sitzgelegenheit gibt. Kein Badewannenrand,

47 Eigentlich handelt es sich um einen »Zigeunerwagen«, aber so etwas zu schreiben ist heute politisch nicht mehr korrekt.

keine Toilette, kein Hocker, nichts, auf das ich mich für einen Augenblick hinsetzen und mich anziehen könnte. Ausziehen im Stehen geht, aber Anziehen, zumal nach einem anstrengenden Pilgertag, funktioniert nicht.
Nach zwei vergeblichen Versuchen überlege ich kurz im Adamskostüm den Flur zu überqueren und mich auf der Toilette anzuziehen. Doch dann entscheide ich mich für eine andere Lösung und setze mich auf die nassen Badezimmerfliesen. Elegant geht anders, aber immerhin funktioniert es. Sauber und vollständig bekleidet gehe ich zurück zu meinem Schäferwagen. Auf der kleinen Holzveranda nehme ich ein karges Abendessen zu mir. Im Gebüsch nebenan schluchzt lautstark und unaufhörlich eine Nachtigall und als ich unter die Bettdecke krieche, lasse ich Tür und Fenster geöffnet und befinde mich inmitten der Natur. Ich kuschele mich unter die Decke. Draußen ist es noch hell. Trotzdem bin ich müde.
Plötzlich fällt mir ein, dass heute ja Ostermontag ist. Seit dem Besuch der Ostermesse heute Morgen habe ich nicht mehr daran gedacht. Überhaupt war Ostern in diesem Jahr anders. In den vergangenen Jahren habe ich die Osterliturgie der Karwoche und Ostern voll ausgekostet. Ostern, die Auferstehung von Jesus Christus, ist nicht nur das zentrale Ereignis im christlichen

Glauben, sondern eine intellektuelle Herausforderung, ja eine Zumutung. Ich habe verstanden und akzeptiert, dass es nicht an meinem begrenzten Verstand liegt, sondern dass der Mensch Gott nicht umfänglich begreifen kann. Das Geheimnis des Glaubens bleibt ein Geheimnis. Auch, wenn ich das Ostergeheimnis rational nicht begreifen kann, so habe ich mich doch dem Ostergeheimnis emotional annähern können. Wer Ostern kapiert hat, der kann nicht mehr verzweifeln.
Doch in diesem Jahr ist mir diese emotionale Annäherung an Ostern nicht gelungen. Die beiden Blitzbesuche in den letzten Tagen, aber auch die banalen Herausforderungen des Pilger-Alltags ließen in diesem Jahr nicht zu, dass ich in das österliche Mysterium eintauchen konnte. Nicht zu ändern.
Früh am Morgen weckt mich ein Hahn. Schon als Jugendlicher hatte ich davon geträumt, mit einem von einem Pferd gezogenen Zigeunerwagen durch Frankreich zu ziehen. Dieser Traum lebte wieder auf, als ich vor fast zwanzig Jahren mit dem Ochsengespann meines Freundes Rudi Biehl rund um Bliesen im Nordsaarland unterwegs war.
Rudi war Dachdecker und kam in Frührente, als er bei einem Arbeitsunfall vom Dach in die Tiefe stürzte. Er suchte sich eine schöne und sinnstiftende Beschäfti-

gung und fand sie in den beiden Ochsen der Jersey-Rasse, die er anlernte, einen Karren zu ziehen.
»De Rot« und »De Schwarz« hörten nicht nur aufs Wort, sondern beherrschten sogar kleine Zirkus-Kunststücke. Regelmäßig war ich mit Rudi und den beiden Ochsen rund um Bliesen unterwegs. Moritz, damals noch ein vierjähriger Knirps, war meistens mit Begeisterung auf dem Kutschbock dabei. Das gemächliche Zuckeln durch eine harmonische Landschaft, die Gemütsruhe der Ochsen, die Entdeckung der Langsamkeit, all das war Entspannung pur in bewegten und stressigen Zeiten. Auch, wenn es in der hektischen Zeit als Umweltminister nicht umsetzbar war, der Wunsch in aller Gemütsruhe mit einem Ochsenkarren durch die Welt zu zuckeln, lebte fort. Als die Tour de France im Jahr 2002 durch das Saarland führte und das ganze Land Kopf stand, nahm ich mir zwei Tage und fuhr mit Rudi und Moritz nach Illingen an die Strecke. Unterwegs zelteten wir, grillten am Lagerfeuer und bewegten uns mit dem unverwüstlichen Gleichmut, wie er nur Ochsen und saarländischen Umweltministern eigen ist, durch das Saarland. Unterwegs überlegte ich, mit dem Ochsenwagen aus einem Feldweg auf die Tour-Strecke einzubiegen und dem Peloton entgegenzufahren. Eine einmalige Gelegenheit, um die Aufmerksamkeit der

Weltpresse zu erhaschen. Unweigerlich wäre jedoch der Rücktritt des saarländischen Landwirtschaftsministers fällig gewesen …

Als ich in der Nacht wach werde, gehen mir diese Träume durch den Kopf. Mir wird klar, dass mein Traum in Erfüllung gegangen ist. Ich liege in einem roten Zigeunerwagen und bewege mich gemächlich durch Frankreich. Mit einem breiten Lächeln im Gesicht schlafe ich wieder ein.

Die Nacht im roten Schäferwagen war kuschelig. Es hat kräftig geregnet. Jetzt aber klart es auf und es verspricht ein sonniger Tag zu werden.

Auf der Terrasse des Hauses bietet mir die Vermieterin eine Tasse Kaffee an, dazu ein Stück Baguette, wenn

Gar lustig ist das Zigeunerleben!

auch vom Vortag. Ein wenig Butter und ein Klecks Marmelade runden das Frühstück in seiner typisch französischen Kargheit ab. Die Tochter des Hauses setzt sich zu mir. Ich erfahre, dass sie als Bibliothekarin an einer englischen Universität beschäftigt ist und sich gerade auf Heimaturlaub befindet. Ob sie vom Brexit betroffen sei, will ich wissen. Sie zuckt mit den Achseln. Das wisse sie nicht, aber es mache ihr schon Sorgen, wie es nun in Großbritannien weitergehe, zumal ihr Arbeitsverhältnis befristet sei. Sie lebe gerne in England, aber sicherheitshalber würde sie sich nun nach einer Arbeit in ihrer französischen Heimat umschauen.
Der Weg von Serrigny nach Chorey führt zunächst entlang einer unendlich langen Schlossmauer aus dem Dorf heraus. Ich habe Zeit, bin erst zur Mittagsstunde in Chorey verabredet.
Kaum, dass ich das Dorf verlassen habe, setze ich mich auf eine an die Mauer angelehnte Steinbank zu einer ersten Rast und schicke die Fotos von meinem roten Zigeunerwagen nach Hause.
Ich weiß: Politisch korrekt ist das nicht. Das Wort »Zigeuner« steht auf der Liste der verbotenen Wörter. Doch die Unkultur der cancel Culture hat Frankreich offensichtlich noch nicht erreicht. Zigeuner heißen im französischen Gitanes. Genau wie die Zigaretten-

NOMAD
BLACK ROCK 35

Marke. Nicht auszudenken, welche Diskussionen in Deutschland geführt würden, gäbe es in Deutschland die Zigaretten-Marke »Zigeuner«. Ich habe gelernt, dass Mohrenköpfe nicht mehr Negerküsse genannt werden dürfen.

Aber Zigeuner? Schließlich nennen sich die Zigeuner selbst Zigeuner, und tragen den Namen ihrer Gruppe mit Stolz. Aber die grüne Sprachpolizei empört sich, wenn Nicht-Zigeuner das Wort gebrauchen. Das verstehe, wer wolle. Ich werde mich nicht daran gewöhnen und ich will es auch nicht. Genauso wenig, wie ich dazu beitragen werde, dass Gendern und Gendersternchen unsere Sprache verhunzen. Aber an diesem Morgen habe ich keine Lust auf solche politischen Überlegungen.

Eine Spaziergängerin, die ihren großen schwarzen Hund ausführt, kommt mir entgegen und bringt mich auf andere Gedanken. Hunde sind imstande, zwei wildfremde Menschen in kürzester Zeit miteinander in ein Gespräch zu bringen. Nachdem ich den Hund hinreichend gelobt und seine struppigen Ohren gekrault habe, zieht die Promenadenmischung weiter, sein Frauchen im Schlepptau. Aufgekratzt summe ich das Lied »Lustig ist das Zigeunerleben« vor mich hin. Ebenso fröhlich wie politisch unkorrekt.

Als ich meine Landkarte studiere, sehe ich eine langgezogene schmale Wasserfläche eingezeichnet, die parallel unmittelbar hinter der Mauer verläuft und deshalb von meiner Position aus nicht sichtbar ist.
Ich schätze, dass der Wassergraben etwa 300 Meter lang sein dürfte. Gespeist wird er von dem kleinen Bach »La Lauve«, der in 300 Metern Entfernung in der Ortsmitte von Ladoix entspringt. Auch diese Beobachtungen bestätigen meine Vermutung, dass die Verfügbarkeit von Wasser die Siedlungsstruktur der Côte d'Or maßgeblich beeinflusst.
Ich ziehe weiter und nach einer Weile drehe ich mich noch einmal um. Hund und Frauchen sind verschwunden, aber nun, mit einigem Abstand, sehe ich das Schlossgebäude durch die gewaltigen Baumgipfel hindurch schimmern.
Die Landschaft ist nun tellereben, offenkundig befinde ich mich im breiten Tal der Saône. Und auch die Landnutzung hat sich gewandelt. Oberhalb der D 974 herrschen geschlossene Rebflächen vor, doch hier im Tal wechseln sich vereinzelte Rebengärten mit Wiesen und Feldern ab. Jenseits der Bahnlinie ist der Weinanbau dann vollständig verschwunden.
Fast zeitgleich treffe ich mit Andreas und Alexander an der Kirche in Chorey ein. Beide werden mich

Familientreffen in Chorey.

die nächsten Tage begleiten. Nach dem Tod meiner Schwester Monika ist mein Schwager Andreas vielfach gefordert. Einerseits muss er seinem Beruf als Leitender Ingenieur der Bodenstation des Astra-Satelliten gerecht werden, andererseits fordert ihn aber auch die Erziehung und Förderung seines sechzehnjährigen Sohnes in besonderer Weise.

Alexander ist anders als die meisten Kinder. Er passt in keine Schublade. Schon als Kleinkind wurde bei ihm ein autistisches Verhalten diagnostiziert, und tatsächlich hat er ein eher auf Distanz als auf Nähe hin ausgerichtetes Sozialverhalten.

Als ich ihn mit den Worten »Na, du alter Strolch. Schön, dass ihr da seid!«, begrüße, huscht ein verschmitztes Lächeln über sein Gesicht und für einen kurzen Moment schaut er mich sogar an, bevor er seinen Blick wieder abwendet.

Vor einiger Zeit war er noch nicht in der Lage, in Blickkontakt mit anderen Menschen zu treten. Seit dem Tod meiner Schwester, die Alexander sehr gluckenhaft behütete, hat er zwangsläufig beim Erwachsenwerden merklich an Selbstständigkeit gewonnen. Ich bin gespannt, was die nächsten Tage bringen werden und freue mich auf die gemeinsame Zeit mit meinem Neffen.

Zunächst ist ein Mittagsimbiss angesagt, den Petra für uns vorbereitet hat. »Petra ist unsere Haushälterin«, erklärt mir Alexander mit erkennbarem Stolz, »und sie kocht sehr gut.« Trotz ordentlichen Hungers vertilgen wir auch nicht annähernd ein Viertel der belegten Brote,

Salate, Kuchen und sonstiger Spezereien, die Andreas aus dem Kofferraum seines roten Opels hervorzaubert. Jetzt haben wir uns erstmal eine Stunde Mittagsschlaf verdient und beziehen am Ortsrand von Chorey zwei Zimmer in einem kleinen und einfachen Motel.

Auf einer kleinen Brache gegenüber dem Motel schaue ich mich um und entdecke einen Massenbestand einer kleinen Pflanze, die mich elektrisiert. Die tief eingeschnittenen und verschieden großen weißen Blütenblätter des gerade mal zehn Zentimeter großen Doldenblütlers lassen keinen Zweifel zu. Es kann sich nur um den »Strahlen-Breitsame« (Orlaya grandiflora) handeln. Diese Art ist in Deutschland vom Aussterben bedroht. Im 19. Jahrhundert konnte die Pflanze noch im Bliesgau rund um Gersheim gefunden werden, doch ist sie im Saarland seit mehr als 50 Jahren verschwunden und gilt damit als ausgestorben.

Ursprünglich wuchs die Pflanze auf kalksteinreichen Äckern. Doch die Intensivierung der Landwirtschaft überlebte das kleine Blümchen nicht. Die ertragsschwachen Steinäcker wurden in Wiesen umgewandelt und damit verschwand die konkurrenzschwache und einjährige Pflanze. »Einjährig« bedeutet, dass die Pflanze nur einen Sommer lang lebt und wächst. Im Herbst stirbt sie ab. Den Winter überdauert das Kräutchen nur als Samen. Sie ist daher darauf angewiesen, dass die Samen jedes Jahr aufs Neue auf unbewachsenen kalkhaltigen Ackerboden fallen.

Wieso diese seltene Pflanzenart gerade an dieser Stelle einen Massenbestand bildet, bleibt mir rätselhaft. Aber ich muss auch nicht alles verstehen, denke ich und begeistere mich über den unerwarteten Fund.

Bis Beaune sind es gerade noch vier Kilometer und wir verlassen das Dorf Chorey auf einem Feldweg, der uns durch Rebflächen und vereinzelte Äcker und nach Beaune führt. Die Bevölkerung ist sowohl in Chorey wie in Beaune in den zurückliegenden Jahrzehnten stark gewachsen. Neubaugebiete, Gewerbebauten und Verkehrswege haben die Landschaft zwischen Beaune und Chorey zerfressen.

Auch meine Landkarte ist offensichtlich nicht mehr auf dem neuesten Stand. Während unser Weg nach rechts abknickt, müssen wir geradeaus weiter, um durch die Unterführung auf die andere Seite der Autobahn zu gelangen. Doch befindet sich ein etwa anderthalb Meter tiefer Graben zwischen uns und dem Weg, der unter der Autobahn hindurchführt. Der Graben dient offenkundig der Entwässerung, ist jetzt in den Sommermonaten aber ausgetrocknet. Die Vegetation verrät, dass er erst vor wenigen Monaten angelegt worden war.

»Da müssen wir rüber – irgendwie« teile ich Andreas und Alexander mit.
Flugs springt Andreas in den Graben und ehe ich mich versehe, ist er auch schon auf der anderen Seite wieder raus geklettert. Alexander geht etwas bedächtiger vor, aber auch er schafft es ohne große Mühe den Graben zu überqueren. Andreas reicht ihm beide Hände und zieht ihn nach oben. Nun bin ich an der Reihe.
Runterspringen traue ich mir nicht zu. Stattdessen rutsche ich auf dem Hosenboden nach unten. In solchen Situationen ist es mir schnurzegal, dass diese Form der Fortbewegung in der Regel zu erheblicher Verschmutzung meiner Hose führt. Aber Sicherheit geht vor. Nun muss ich aus dem Graben wieder rauskommen. Ich finde einen Tritt auf halber Höhe und Andreas zieht mich langsam an meinem Stock wieder nach oben, bis ich mich nach vorne über den Grabenrand legen kann und nun vollends aus dem Graben klettern kann.
»An der B-Note muss ich noch arbeiten«, scherze ich und bin froh, die Grabenüberquerung geschafft zu haben. In diesem Augenblick geht mir durch den Kopf, dass ich im ersten Pilgerjahr noch große Schwierigkeiten hatte, selbst kleine Gräben zu überqueren und jetzt gelingt es mir sogar, einen anderthalb Meter tiefen Graben zu überwinden! Schade, dass »Grabenüberque-

Im Graben.

rung für halbseitig Gelähmte« keine Disziplin bei den Paralympics ist. Da hätte ich echte Medaillenchancen, wenn weniger als vier Teilnehmer am Start wären …

Als wir den Stadtrand von Beaune erreicht haben, kehrt Andreas um und holt das Auto, während Alexander und ich noch ein Stück weitermarschieren bis Andreas uns aufliest.

Den Nachmittag verbringen wir in der Altstadt von Beaune und gönnen uns eine große Waffel mit Eis, bevor wir in unsere Unterkunft zurückkehren und auf dem Balkon des Motels zu Abend essen.

Am nächsten Morgen parken wir unser Auto in der Altstadt von Beaune. Im Gegensatz zu den zersiedelten Vororten, die wir gestern durchquert haben, präsentiert sich die historische Altstadt innerhalb der nahezu vollständig erhaltenen Stadtmauer ansprechend und attraktiv. Die ersten Meter führen bei leichtem Nieselregen durch den Parc de Bouzaize. Inmitten des alten Baumbestandes liegt ein kleiner Teich, in dem die Bouzaize, ein kleines Flüsschen, entspringt.[48] Jetzt am Vormittag wollen wir durch die Weinberge über Pommard nach Volnay, für den Nachmittag haben wir dann einen Bummel durch Beaune geplant. Der Regen lässt bald nach, doch der Himmel bleibt grau und jederzeit könnte es erneut anfangen zu regnen. Wir gehen auf

48 Die starke Wasserführung ist ein weiterer Hinweis, dass es sich um eine Karstquelle handelt. Auch in diesem Fall scheint die Wasserverfügbarkeit eine wichtige Rolle für die Siedlungsstruktur zu spielen.

Karstquelle im Parc de Bouzaize.

dem Radweg, der durch die Weinhänge von Beaune bis Santenay führt. Viele Radfahrer, vorwiegend Holländer, sind unterwegs. Ob sie um die enge historische Verflechtung zwischen Burgund und den Niederlanden wissen,[49] frage ich mich.

Alexander, der mit der ihm eigenen Akribie mein Buch »Schritt für Schritt« gelesen hat und sich an jedes klitzekleine Detail erinnert, will von mir wissen: »Stefan, komme ich auch in deinem neuen Buch vor, wenn du über unsere Pilgerwanderung schreibst?«

49 Die großen burgundischen Herzöge heirateten nach dem Motto »Liebe vergeht, Hektar besteht« und die begüterten niederländischen Töchter waren da eine sehr gute Partie.

»Selbstverständlich werde ich auch von unserer gemeinsamen Tour erzählen«, antworte ich, »aber du kannst ja auch selbst über unsere Abenteuer schreiben, dann werde ich das im neuen Buch abdrucken.«
»Oh ja«, entgegnet Alexander, »das werde ich machen, gleich heute Abend fange ich damit an.«
Vor einigen Jahren hatte mich Alexander überrascht und mir ein von ihm verfasstes Büchlein in die Hand gedrückt. Auf 70 Seiten hatte er mit großem Eifer die Geschichte von Mathieu und Tobias, zwei unzertrennlichen Freunden, die im »Dorf der Kinder« leben und das Dorf verlassen, aufgeschrieben. Alexander wird losgeschickt, um die beiden zurückzuholen und erlebt dabei spannende Abenteuer. Mit Unterstützung seiner großen Schwester Katherina hatte er das Buch getippt, mit zahlreichen Zeichnungen illustriert, in Form gebracht und in kleiner Auflage verlegt. Eine beachtliche Leistung für einen zwölfjährigen Bub. Vor allem aber zeigte das fantasievolle Buch, dass Alexander zwar anders als gleichaltrige Kinder war, aber fröhlich und voller positiven Fantasien in seiner Welt lebte.
In Volnay legen wir eine Mittagsrast ein. Noch immer zehren wir von den opulenten Vorräten, die die beiden im Reisegepäck haben. Andreas und Alexander kehren nun um und holen das Auto, während ich weitergehe.

Kurz bevor ich Volnay erreiche, komme ich an einem Weinberg vorbei, wo ein Winzer den Boden seines Weinberges mit einem Kaltblutpferd vor einem einscharigen Pflug bearbeitet. Ein zweites, jüngeres Pferd geht neben dem Arbeitspferd her. Offenbar wird das jüngere Pferd »eingearbeitet«. Ein dritter Ackergaul ist am Rand des Weinberges angebunden und hat Pause. Eine ganze Weile schaue ich dem Winzer und seinen Pferden bei der Arbeit zu und bin beeindruckt zu sehen, wie harmonisch die Zusammenarbeit zwischen Mensch und Tier funktioniert. Die Stimme des Winzers alleine reicht aus, um das Pferd durch den Weinberg zu dirigieren. Vor allem die reibungslosen Wendemanöver begeistern mich.[50]

Die Pferde sind rotbraun und weisen einen blonden Schweif sowie eine blonde Mähne auf. Auch der Haarbehang an den Hufen ist strohblond. Rassemerkmale, wie sie den »Schwarzwälder Füchsen« eigen sind. Aber wie soll ein »Schwarzwälder Fuchs« hier in die Weinberge Burgunds kommen? Aber warum auch nicht? Schließlich bin ich ja auch hier.

Bald kommen mir Andreas und Alexander entgegen,

---

50 Für Kaltblutpferde hatte ich mich schon vor 30 Jahren interessiert. Damals faszinierte mich die Arbeit der schweren Ardenner-Pferde, von denen einige zum Holzrücken im Wald eingesetzt wurden.

dic unser Auto inzwischen in Volnay geparkt haben und wir gehen das letzte Stück wieder gemeinsam bis zu unserem Tagesziel. Dann fahren wir weiter nach Meursault, wo wir im Hotel »Le chevreuil« eine Unterkunft für die kommenden beiden Tage finden.

Hotel »Le Chevreuil«.

Es ist noch früh und so unternehmen wir eine kleine Rundfahrt auf die Hochfläche hinter den Weinbergen. Hier finden wir eine abwechslungsreiche Landschaft vor. Zwischen den Wäldchen wechseln sich Wiesen und Weiden ab. Zum ersten Mal seit Tagen sind wieder Charolais-Rinder zu sehen.

Unerwartet taucht nach einer Straßenbiegung ein

Schloss[51] auf. Leider ist es nicht zu besichtigen. Wir sind frühzeitig zurück in Meursault und bummeln durch die Kleinstadt, die mit ihren knapp 1.500 Einwohnern gemütliche Beschaulichkeit ausstrahlt.
Unser Hotel liegt gegenüber der ortsbildprägenden Kirche und neugierig besuchen wir das Gotteshaus, das unter dem Patrozinium des Heiligen Nikolaus steht. Wie alles oder zumindest fast alles in Burgund hat auch dieser Ort eine sehr lange, wechselvolle und reiche Geschichte:
Wir schreiben das Jahr 1094, als ein gewisser Frogier de Meursault die Kirche Saint-Nicolas dem Kloster von Cluny vermacht, in dessen Besitz die Kirche und ihre Güter über mehrere Jahrhunderte bleiben. Die Benediktinermönche prägen durch ihren charakteristischen Baustil das Kirchengebäude. Die schlichte Kirche wurde im 12. und 13. Jahrhundert im Stil der Romanik Clunys neu errichtet und erhielt im 15. Jahrhundert nach einem schweren Brand einen achteckigen Turm ganz im opulenten Stil der Hochgotik. Der Turm erreicht eine Höhe von 57 Metern.

---

51 Château de la Rochepot, die Burg wurde im 13. Jahrhundert errichtet und hat eine besonders wechselvolle Geschichte. Derzeit gehört sie einem Ukrainer, der 2018 in seiner Heimat wegen Geldwäsche und anderer Delikte gesucht wurde und von der französischen Polizei verhaftet wurde.

Der Kontrast zwischen dem eher schlichten Kirchengebäude und dem opulenten Turm fällt ins Auge. Spitze französische Zungen sprechen von einem Biberpelz-Hut auf einem Bauern-Kopf.[52]

Als im 19. Jahrhundert die Bevölkerung von Meursault stetig anwuchs, wurde die bis dahin einschiffige Kirche um zwei weitere Schiffe erweitert.

Während der französischen Revolution wurde die Kirche für ein Jahrzehnt profanisiert und war nun ein »Tempel der Vernunft«. Die französische Revolution bescherte Meursault jedoch einen besonderen Schatz: Als die Bilderstürmer in den Revolutionswirren die Chartreuse[53] von Dijon verwüsteten, brachten besonnene Bürger eine Madonna mit Jesuskind in Sicherheit. Die Marienfigur, die aus dem 14. Jahrhundert stammt, ist heute in der Kirche von Meursault zu sehen. Die Madonna hat so viel Schreckliches überstanden, da wird sie auch mein Gesang nicht stören. Denke ich und stimme meinen Psalm an, nachdem ich mich in der Kirche umgeschaut habe und mich vergewissert habe, dass außer uns niemand zugegen ist. Andreas zündet mit Tränen in den Augen eine Kerze an. Gemeinsam beten

52 Un chapeau de castor sur la tête d'un paysan.

53 Aufmerksame Leser werden sich daran erinnern, dass ich von der Chartreuse zu Dijon in Kapitel 1 erzählt habe.

wir still für Monika, seine Frau und meine Schwester, die vor zwei Jahren verstorben ist.
Eine weitere Besonderheit: Im Chor der Kirche entdecke ich ein sogenanntes »oculus eucharistique«, wie es mir bereits vor drei Jahren in Medelsheim begegnet ist. Diese kleine Öffnung in der Außenwand ermöglichte Aussätzigen und an Lepra[54] erkrankten Menschen einen Blick auf den Altar und schuf die Möglichkeit am Gottesdienst teilzunehmen, ohne dafür die Kirche betreten zu müssen. Clever!
Aprilwetter! Als wir am nächsten Morgen in Volnay losgehen, ist es kühl und windig, aber immerhin ist es trocken. Wieder führt der Weg durch die Weinberge an unendlich langen Mauern vorbei. Kurz vor Meursault wird der Gegenwind stärker und es fängt an zu regnen. Gerade noch rechtzeitig fällt mir die alte Trapperweisheit ein, niemals gegen den Wind zu pinkeln.
Die Tagesetappe ist heute kurz. Bereits nach vier Kilometern sind wir im Hotel »Le chevreuil« angekommen. Die heiße Dusche tut jetzt gut, und während Andreas das Auto holt, ruhe ich mich aus. Nachmittags besuchen wir die Altstadt von Beaune. Dieses Weinstädtchen beherbergt so viele Schätze, dass ein Nachmittag

54 Lepra war eine in der Antike und im Mittelalter verbreitete bakterielle Infektionskrankheit.

bei Weitem nicht ausreicht alles zu sehen. Wir entscheiden uns für einen Besuch des Hospitals, das aus dem 15. Jahrhundert stammt und unversehrt erhalten geblieben ist.

Noch mehr beeindruckt mich, dass das Krankenhaus bis 1955 also 500 Jahre lang in Betrieb war. So geht Nachhaltigkeit! Das Hôtel-Dieu verbindet dabei ein Höchstmaß an Funktionalität mit architektonischer Ästhetik. Von dem langgestreckten Innenhof aus lassen sich die mit bunten, glasierten Ziegeln gedeckten Dächer und Mansarden bewundern, wie sie für diese Zeit Burgunds so typisch sind. Der Krankensaal ist ausgestattet mit Alkoven. Rote schwere Vorhänge gaben den

Das Hôtel-Dieu diente fünfhundert Jahre lang als Krankenhaus.

Kranken Privatsphäre. Weißes Leinen gewährleistete Hygiene und Wohlbefinden.
Das Hospital war eine Einrichtung für die Ärmsten der Armen. Viele, vielleicht die meisten, kamen hierher um zu sterben. Und nie zuvor in ihrem Leben, hatten sie so viel Schönes und so viel Pracht gesehen oder erlebt.[55] Die Schwestern in ihren weißen Hauben kochten, pflegten, versorgten die Kranken und beteten für sie. Die Kapelle befand sich am Ende des Krankensaales und war von den Betten aus gut einsehbar.
Sogar große Kunst hatte Einzug gehalten in das Krankenhaus. Jan van Eyck und Roger van der Weyden, zwei der besten Künstler ihrer Zeit, malten im Auftrag große Wandbilder, die bis zum heutigen Tag als Kunstwerke von Weltrang gelten. Medizingeschichte vom Feinsten. Ich staune Bauklötze!
Auftraggeber und Mäzen der »Hospices de Beaune« war Nicolas Rolin.[56] Als Kanzler und rechte Hand von Philipp dem Guten war er einer der mächtigsten Männer seiner Zeit. Überall im Hospital stößt man auf seine Initialen, verschlungen mit den Initialen seiner Frau[57], dazu »Seulle«, die Einzige. Dieser Wahlspruch

55 Mitte des 15. Jahrhundert lebten infolge des Hundertjährigen Krieges große Teile der Bevölkerung in Elend und Not.
56 1376–1462.
57 Guigone de Salins.

bezog sich auf seine Frau. Von seinem Chef, Philipp dem Guten, hingegen sind 30 Mätressen und 17 uneheliche Kinder offiziell verbürgt.

In den Räumen des Hospizes tummeln sich viele Besucher, die für eine entsprechende Geräuschkulisse sorgen. Andreas und Alex warten im Innenhof auf mich. Ich will die beiden nicht allzu lange warten lassen und schaue mit nur noch schnell das große neunteilige Wandbild an, das Roger van der Weyden geschaffen hat und in unglaublicher Detailtreue das »Jüngste Gericht« zeigt. Und ich weiß, hierhin will ich bald wieder zurückkommen mit Zeit und Muße! Für heute reicht es jedoch, und bald sind wir wieder in unserem Hotel in Meursault.

Als ich aus der Dusche komme, telefoniert Alexander mit seiner Haushälterin »Petra, ich bin kreuzunglücklich!«, höre ich ihn in gestelztem Deutsch sagen »ich habe alle meine Fantasie verloren.«

Und in der Tat kann man dem immer fröhlichen jungen Mann ansehen, dass er leidet. Angespannt sitzt er vor seinem Schreibblock und erklärt Petra, dass er gerne die Erlebnisse der letzten Tage aufschreiben möchte, es ihm jedoch nicht gelingt.

»Alex, das ist doch nicht weiter schlimm«, versuche ich meinen Neffen zu trösten.

»Mir passiert das auch immer mal wieder. Ich möchte schreiben, aber ich finde nicht die passenden Worte. So ist das eben manchmal.«

Aber ich habe eine andere Idee. »Mal doch einfach ein Bild, zum Beispiel von unserer abenteuerlichen Grabenüberquerung.« Dann drucke ich eben das Bild im neuen Buch ab. Alexander ist erleichtert. Der Druck ist von ihm abgefallen und als er sich von Petra am Telefon verabschiedet, kann er sogar schon wieder lächeln.

»Stefan, kannst Du bitte in deinem neuen Buch schreiben, dass ich mich mit der ‚Augsburger Puppenkiste' ziemlich gut auskenne.«

»Selbstverständlich! Du kennst dich besser als nur ziemlich gut aus, du weißt einfach alles!«, verspreche ich Alexander. Und in der Tat ist es immer wieder beeindruckend[58] zu erleben, welche Detailkenntnisse Alexander über die »Augsburger Puppenkiste« verfügt! Damit könnte er jede Rateshow erfolgreich bestehen![59]

Das ausgeprägte Interesse an der »Augsburger Puppenkiste« ist für einen 17-jährigen jungen Mann zwar eher ungewöhnlich, macht ihn aber auch besonders liebenswert!

---

58 Manchmal aber auch leicht nervig.

59 Zu den Besonderheiten von Asperger-Autisten gehören häufig Spezialinteressen.

Den letzten gemeinsamen Abend nutzen wir, um im Restaurant des Hotels fürstlich zu speisen. Zwar haben wir noch immer nicht alle Vorräte aufgegessen, die Petra eingepackt hatte, doch wenigstens heute Abend entscheiden wir uns für burgundische Spitzenküche. Manchmal muss man eben auch auf ein Opfer verzichten …

Im Frühstücksraum am nächsten Morgen spricht mich ein junger Mann auf die Jakobsmuschel an meinem Rucksack an. Schnell stellt sich heraus, dass er aus Deutschland kommt und auch nach Santiago di Compostela will. Eigentlich sei er mit dem Zelt unterwegs, doch einmal in der Woche gönne er sich ein Hotel, lässt er uns wissen. Er schaffe ungefähr 200 Kilometer pro Woche und plane noch in diesem Jahr anzukommen.

»200 Kilometer pro Woche, das ist ganz schön sportlich! Soviel schaffe ich gerade mal im Jahr«, entgegne ich anerkennend und ohne einen Funken Neid. In den vergangenen 15 Tagen habe ich immerhin 82 Kilometer geschafft. Langsam, aber unverzagt, komme ich Santiago de Compostela näher. Wer hätte das vor zwei Jahren gedacht? Ich nicht!

Das Etappenziel Beaune ist geschafft!

FÜNFTES KAPITEL,

in dem Christiane einen schwarzen Ziegenbock füttert und sich dabei den Fuß bricht …

Mittwoch, 29. Mai 2019

Von Meursault nach Puligny-Montrachet 4,3 Kilometer

Donnerstag, 30. Mai 2019

Von Pulligny-Montrachet nach Santenay 6,7 Kilometer

Freitag, 31. Mai 2019

Von Santenay nach Chamilly 6,2 Kilometer

Samstag, 1. Juni

Von Chamilly nach Aluze 3,3 Kilometer

Erst Ende Mai geht es weiter. Christiane Nagel wird mich begleiten. Wir sind ja bereits ein gut eingespieltes Pilgerteam. Doch noch bevor wir Pont-à-Mousson erreichen, müssen wir umkehren. Mein Mercedes muckt. Zwar fährt er, aber nicht mehr schneller als 80 Stundenkilometer und beschleunigen geht gar nicht mehr. Was tun? Ich habe keinerlei Ahnung von Autos. Früher konnte ich wenigstens Räder wechseln. Seit ich linksseitig gelähmt bin, kann ich noch nicht einmal das. Es ist also unvernünftig, mit einem schwächelnden Auto Richtung Burgund zu schleichen und wir beschließen umzukehren, unser Gefährt in die Werkstatt zu bringen und mit einem Leihwagen einen neuen Anlauf zu unternehmen.
Drei Stunden später sind wir endlich in Pont-à-Mousson, jetzt mit einem funktionstüchtigen Leihwagen, der nur über einen kleinen Nachteil verfügt: Ich kann ihn nicht fahren, da er nicht über den erforderlichen Umbau verfügt. Mein Auto ist so umgebaut, dass ich von einem Steuerelement, das am Lenkrad befestigt ist, mittels bluetooth alle wesentlichen Funktionen wie Blinker und Scheibenwischer bedienen kann, ohne die rechte Hand vom Lenkrad nehmen zu müssen.
Trotz unserer Verspätung lassen wir uns Zeit. Kaffeetrinken und Käseeinkauf am (ehemaligen) Place Duroc

Käse, Käse, Käse ...

sind ebenso unverzichtbar wie das Psalmodieren in der Martinskirche. Als wir die Kirche verlassen, treffen wir beim Eingangsportal auf ein Pilger-Ehepaar aus Duisburg. Die Beiden gehen den Jakobsweg ebenfalls in Etappen und sind vor wenigen Tagen in Trier gestartet. Ich weise die beiden auf die Statue des Jakobspilgers im Mittelschiff und die fantastische, frisch renovierte Grablegungsgruppe von Ligier Richier im rechten Seitenschiff hin.

Die weitere Fahrt verläuft problemlos und Christiane setzt mich in Meursault ab und fährt weiter zu unserer gebuchten Ferienwohnung in Saint-Jean-de-Vaux, die für die nächsten Tage unsere Basisstation sein wird.

Skulpturen von Ligier Richier in der Kirche St. Martin (16. Jhd.)

Rast im Weinberg.

Nach einem kurzen Besuch in der mir schon vertrauten Kirche gehe ich bei bestem Pilgerwetter los, weiter durch die Weinberge, die sämtlich klangvolle und bekannte Namen tragen: Meursault, Pulligny-Montrachet, Chassagne-Montrachet!
Das Leben ist zu kurz, um schlechten Wein zu trinken, aber es ist auch zu kurz, um alle guten Weine zu verkosten. Mit dieser hochphilosophischen Einsicht pilgere ich fröhlich durch die Weinbergslandschaft der Côte d'Or.
Bei einer Rast auf einer Weinbergsmauer verfängt sich meine elastische Hutschnur am Rucksack. Als ich den Rucksack mit Schwung anziehen will, spannt sich die Hutschnur und »schnerrt«[60] zurück. Genau auf das rechte Auge, das jetzt anschwillt und sich blau einfärbt.
Am Ortsrand von Santenay sammelt mich Christiane wieder ein. Inzwischen hat sie unsere Ferienwohnung bezogen und unsere Vermieter kennengelernt. Christiane ist begeistert: »Die Wohnung ist top und unsere Vermieter sind äußerst sympathisch«, berichtet Christiane.
Santenay ist der südlichste Weinort der Côte d'Or. Die Weinbergslandschaft geht hier in eine Weidelandschaft

60 »Schnerren« ist ein Verb, das im Saarland jeder kennt. Das Wort taucht jedoch im Duden nicht auf und lässt sich nur schwer ins Hochdeutsche übersetzen..

über, durch die wir in zauberhaftem Abendlicht nach Saint-Jean-de-Vaux in unsere Ferienwohnung fahren.
Am nächsten Morgen überrascht uns unser Vermieter Max und bringt uns knackfrische Croissants zum Frühstück. Max stammt aus der Schweiz und praktischerweise lautet seine Nachname Schweizer. Was man auch hört. Seit einigen Jahren befindet er sich im Ruhestand und hat zusammen mit seiner Frau Patricia ein altes Weingut im Ortskern von Saint-Jean-de-Vaux erworben und liebevoll restauriert. Dabei entstanden auch zwei geschmackvolle und moderne Ferienwohnungen. Ein Ort zum Wohlfühlen.
Von Pulligny geht es über die Landstraße nach Chassagne-Montrachet.
Christiane erinnert mich daran, dass uns bei unserer Pilgerwanderung im vergangenen Jahr auf dem Kanal eine Peniche mit dem Namen »Christiane« begegnet war und ich augenzwinkernd behauptet hatte, dieses Ereignis hätte ich eigens für sie organisiert.
»Was hast du denn in diesem Jahr für mich vorbereitet?«, will Christiane wissen.
»Warte mal ab«, antworte ich. »Überraschung bleibt Überraschung!«
Es dauert noch keine Viertelstunde, als sich die Überraschung einstellt. Eine ganze Armada von Oldtimern

fährt langsam an uns vorbei. Viele der Autofahrer grüßen freundlich.

»Hier ist deine Überraschung! Es hat mich schon etwas Mühe und mindestens drei Telefonate gekostet, diese Oldtimer-Parade für dich zu organisieren«, behaupte ich frech.

Die Gemütlichkeit findet ein Ende, als wir in heftige und kontroverse Diskussionen über die Impflicht geraten. Erst vor wenigen Wochen hatte Bundesgesundheitsminister Spahn das »Gesetz zum Schutz vor Masern und zur Stärkung der Impfprävention« auf den Weg gebracht und irgendwie waren wir auf dieses Thema gekommen. Während ich das Vorhaben für sinnvoll halte, lehnt Christiane das Gesetzgebungsvorhaben rundweg ab. Ich hatte vergessen, dass Christiane schon seit Jahrzehnten eine hartnäckige Impfgegnerin ist. Klugerweise beschließen wir an diesem Tag schnell das Thema zu wechseln, nichtsahnend, dass uns diese Kontroverse drei Jahre später heftig einholen würde.

Gegen Nachmittag erreichen wir Santenay. In einer der zahlreichen Mauern entdecke ich eine eine Pflanze, die ich nicht auf Anhieb identifizieren kann. Christiane hat das unscheinbare Pflänzchen zwar auch schon einmal gesehen, aber dennoch ihr fällt der Name nicht ein. Gemeinsam rätseln wir eine Weile und kommen schließlich zu dem Ergebnis, dass es sich um den Dreifinger-Steinbrech[61] handelt. Wir sind froh, dass wir das botanische Rätsel gemeinsam gelöst haben, jedenfalls besser als über Impfpflicht zu streiten …

In der Ortsmitte von Santanay belohnen wir uns in einem Straßencafé mit einem Bier und Christiane resümiert den Tag mit den Worten: »Heute war ein optimaler Pilgertag!« Wenigstens in diesem Punkt gebe ich ihr mal vollumfänglich recht …

Meine Lesebrille hat sich mal wieder in Luft aufgelöst. Und während ich in einer Apotheke Ersatz besorge, trampt Christiane zurück und holt unser Auto.

Inzwischen haben wir die Quelle der Croissants ausfindig gemacht. Unmittelbar in der Nachbarschaft hat vor wenigen Wochen eine kleine Bäckerei neu eröffnet und ein junger Mann, der mit einer Vietnamesin verheiratet ist, will sich eine Existenz aufbauen. Das gilt es zu unterstützen und so revanchieren wir uns an diesem Morgen und versorgen Max und Patricia mit wohlduftenden Backwaren.

Von der Ortsmitte Santenay aus geht es zunächst auf dem ehemaligen Treidelpfad ein kurzes Stück entlang

61 Saxifraga tridactylites.

des Canal du Centre[62]. Wir entscheiden uns für einen kürzeren Weg, der über den Berg führt und müssen den Kanal verlassen. Der Treidelpfad, der heute als Fahrrad- und Freizeitweg dient, ist mit einem ungefähr einen Meter hohen Zaun aus dicken Holzbalken abgetrennt, den ich mit einiger Mühe überwinde. Auf der anderen Seite angelangt sehe ich dann, dass der Zaun nach wenigen Metern einen Fußgängerdurchlass aufweist. Aber warum einfach, wenn es doch auch kompliziert geht.

Nun führt der Weg steil bergan. Insgesamt 150 Höhenmeter liegen zwischen dem Kanal und dem Höhenzug, den es zu überwinden gilt. Zunächst geht es durch Corchanu, einem Weiler, dessen blumengeschmückte Häuser quasi an dem steilen Hang kleben. Der Weg führt weiter durch ein Naturschutzgebiet. Die Beweidung durch Charolais-Rinder sorgt dafür, dass die wärmeliebenden Gebüsche nicht überhandnehmen und die konkurrenzschwachen Kräuter der Kalkhalbtrockenrasen eine Überlebenschance haben. Viele der Arten kenne ich. Sie sind auch in unseren saarländischen Kalklandschaften zu finden, aber andere sind neu für

62 Der in napoleonischer Zeit gebaute Kanal, der bei seiner Eröffnung »Canal du Charolais« hieß, verbindet die Kanäle des Südens mit den Kanälen des Nordens.

mich. Eine gelbblühende Flockenblume der Gattung Centaurea gibt mir Rätsel auf. Ich freue mich über meine Entdeckung und fotografiere die unbekannte Pflanze von allen Seiten.

»Kennst du eigentlich Enrico Fermi?«[63], will ich von Christiane wissen, die mich achselzuckend anschaut. »Fermi war ein in Italien geborener Atomphysiker. 1938 erhielt er den Nobelpreis für Physik. Fermi galt als das »enfant terrible« unter den Atomphysikern. Als er einmal von einem Nachwuchsphysiker nach dem Namen eines Atomteilchens gefragt wurde, das gerade entdeckt worden war, soll er geantwortet haben: ›Wenn ich mir die Namen dieser Teilchen merken könnte, hätte ich auch gleich Botaniker werden können.‹[64] Bestimmt wäre das besser gewesen, als in Los Alamos an der Herstellung der Atombombe zu arbeiten.«

Das Sprechen strengt mich an. Es sind noch einige Höhenmeter zu bewältigen und inzwischen ist es bereits heiß geworden. Ich beschließe, mit meinen Kräften zu haushalten und mich nun auf die Bewältigung des Aufstieges zu konzentrieren. Vereinzelte Bäume und Büsche entlang des Weges spenden Schatten und

63 1901–1954.

64 Das Teilchen hieß K-0-2 und der Fragesteller hieß Leon Lederman. Dessen Neugier lohnte sich. Er bekam 1988 den Physik-Nobelpteis.

Südlich der Côte d'Or grenzt die Hügellandschaft des Chalonnais an.

ich gehe von Schatteninsel zu Schatteninsel und verharre im Schatten kurze Zeit und schnaufe durch. Als wir den höchsten Punkt des Hügels erreicht haben, gönnen wir uns die wohlverdiente Mittagspause und unter dem lichten Schatten einer Kiefer strecke ich für

Bergan über Stock und Stein.

Ultraea!

Von Santenay nach Chamilly.

eine Weile alle Viere aus. Von nun an geht es bergab und währenddessen werden wir für den mühsamen Weg belohnt mit einem tollen Blick auf das 150-Seelen-Dörfchen Chamilly mit seinem kleinen Schlösschen aus dem 18. Jahrhundert.

Am Ortseingang sehen wir ein Werbeplakat angepinnt, das auf ein Weinfest im Schlossgarten just an diesem Wochenende hinweist. Nach der anstrengenden Etappe und bei den heißen Temperaturen ist Wein jedoch definitiv das falsche Getränk und so entscheiden wir uns für Kaffee und Kuchen im Schatten alter Bäume. Nach einer Weile stellen wir uns an die Landstraße, halten den Daumen in den Wind und schon bald

Mittagspause unterm Kirschbaum.

nimmt uns ein Auto mit nach Santenay. Den Abend verbringen wir in Chalon-sur-Saône, wo wir in der Abendsonne auf dem belebten Platz vor der Kathedrale Saint-Vincent ein kühles Glas Mâconnais trinken. Am nächsten Morgen parken wir unser Auto am Schloss, gehen durch das schlafende Dörfchen und verlassen den Ort auf einem holprigem und heckengesäumten Feldweg entlang von Weizenfeldern nach Aluze. Im Schatten eines Kirschbaumes legen wir eine Rast ein. Die ersten Kirschen sind bereits reif. Genussvoll essen wir eine Handvoll Krachkirschen[65].
Weiter geht es entlang von Feldern voller Mohn. Im Kontrast zu dem leuchtenden Rot des Klatschmohns, wölbt sich über uns ein strahlend blauer und wolkenloser Himmel, wo Rotmilane ihre Kreise ziehen. Einmal mehr genieße ich bewusst die Landschaft und die Natur und bin dankbar, dies alles sehen und erleben zu dürfen. Herrlich!
Unterwegs kommen wir an einem Teich vorbei. Eigentlich eine ideale Stelle für unsere Mittagsrast. Aber ein paar Halbstarke haben den kühlen Ort ebenfalls für sich entdeckt und aus einem Ghettobluster ertönt laute Musik. Auf Disco haben wir keine Lust und gehen erstmal weiter und werden den nächsten geeigneten

65 Noch ein saarländisches Wort, das ich nicht im Duden finde.

Wonnemonat Mai. Foto: Christiane Nagel

Die Landnutzung wird vielfältiger. Foto: Christiane Nagel

Schattenplatz ohne Beschallung für unsere Mittagsrast nutzen.

»Guck mal! Da steht eine Ziege in der prallen Mittagssonne.« Christiane zeigt auf eine Weide und in der Tat sehe ich einen großen schwarzen Ziegenbock, angebunden mit einer schweren rostigen Eisenkette mitten auf einer kleinen Weide. Während ich noch überlege, ob Zebras unter den schwarzen Streifen mehr schwitzen als unter den weißen Streifen, hat Christiane schon einige Zweige von einem Baum abgezupft. »Ich bringe dem armen Kerl mal schnell ein paar saftige Zweige.« lässt mich die Tierfreundin wissen. Christiane hat ein gutes Herz, auch für Tiere. Und ein Ziegenbock, dazu noch schwarz, ohne Wasser und Futter unter stechender Mittagssonne, das erfordert sofortiges Handeln. Schwungvoll überspringt Christiane den Straßengraben und überklettert ein klappriges Holztor. Während sie unterstützt durch das frische Grün der Zweige mit dem Ziegenbock Freundschaft schließt, gehe ich schon mal weiter. Doch schon nach wenigen Metern, zucke ich zusammen.

»Stefan! Komm mal schnell!«, höre ich Christiane mit panischer Stimme rufen. Als ich mich umdrehe, sehe ich Christiane mit schmerzverzerrtem Gesicht auf einem Bein im Straßengraben stehen. »Ich glaube, ich

habe mir den Fuß gebrochen. Es tut sauweh!«
»Was ist denn passiert?«, will ich wissen und Christiane erzählt mir, dass sie bei dem Versuch die Weide wieder zu verlassen über das windschiefe Holztor gestürzt und wie ein nasser Sack auf der anderen Seite des Tores gelandet sei.
Schon das erste Auto hält an und der hilfsbereite junge Fahrer bringt uns in unsere Ferienwohnung. Inzwischen ist der Fuß dick angeschwollen und außerdem rot und heiß. Ob er wohl gebrochen ist? Oder die Bänder abgerissen sind? Oder nur verstaucht? Das kühle Wasserbecken im Innenhof sorgt für etwas Linderung.
»Der Fuß muss geröntgt werden. Ich fahre dich nach Chalon ins Krankenhaus«, bietet unser Vermieter Max

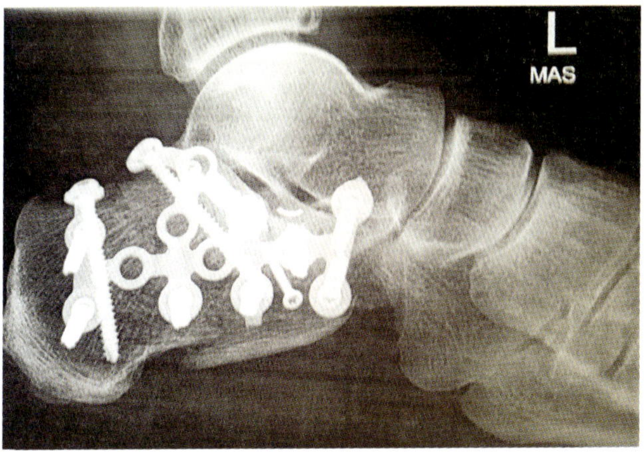

Fersen-Trümmerbruch!

an und lässt keinen Widerspruch zu. Christiane und Max fahren nach Chalon, während ich im Innenhof am Brunnen zurückbleibe. Es dauert drei Stunden, bis die beiden zurückkommen.

»Trümmerbruch«, lautet die knappe Auskunft von Max, »das muss operiert werden!«

»Wieso hat das solange gedauert?«, will ich wissen.

»Im Krankenhaus in Chalon wurde ich nicht behandelt, dort haben die Ärzte gestreikt«, berichtet mir Christiane. »Max hat mich dann in eine orthopädische Privatklinik gebracht, dort wurde ich geröntgt.«

»Wie kommen wir jetzt nach Hause?«

Mit meiner halbseitigen Lähmung kann ich das Leihfahrzeug nicht nach Hause fahren und Christiane fällt mit ihrem gebrochenen Fuß als Fahrerin ebenfalls aus. Ich rufe zu Hause an und schildere die Situation. Meine Frau Birgit telefoniert zunächst mit dem ADAC, entscheidet dann jedoch kurzerhand, selbst zu kommen und reist am nächsten Morgen gemeinsam mit Christianes Mann Udo an. Gerettet![66]

Ein Malheur kommt selten allein. Als ich abends im Garten von Patricia und Max eine kleine ehemalige

66 Und auch dem Fuß von Christiane geht es heute wieder gut. Nach einer erfolgreichen OP verheilt er gut und ist heute fast wieder wie neu.

Weinbergsmauer überklettern will, drehe ich mich auf dem Hinterteil über die Mauer. Im Arschsack befindet sich mein Handy und das Display zersplittert in viele kleine Teile. Leider sind damit auch die Fotos der letzten Etappen zerstört.

Birgit und Udo sind schon früh losgefahren und bereits am Vormittag in Saint-Jean. Herzlich bedanken wir uns bei Max für seine Hilfsbereitschaft und fahren ohne weitere Zwischenfälle zügig nach Hause.

SECHSTES KAPITEL,

in dem ich mit Karin tiefgründige theologische Gespräche führe und wir gemeinsam feststellen, dass es im Burgund auch grottenschlechte Weine gibt …

Freitag, 7.Juni
Von Aluze nach Saint-Jean-de-Vaux 5,3 Kilometer

Samstag, 8. Juni
Von Saint-Jean-de-Vaux nach Cercot 7,0 Kilometer

Sonntag, 9.Juni
Von Cercot nach Montagny-lès-Buxy 6,5 Kilometer

Montag, 10. Juni
Von Montagny-lès-Buxy nach Culles-lès-Roches
7,2 Kilometer

Dienstag, 11. Juni:
Von Culles-les-Roches nach Saint-Gengoux-le-National
5,1 Kilometer

Karin ist eine rheinische Frohnatur. »Ich esse alles und vor allem viel«, hatte sie mir geschrieben, »nur fermentierte Schafsköpfe[67] und Broccoli-Bionade mag ich nicht.« Und mich damit an Island erinnert. Mitte der Achtzigerjahre war ich zwei Sommer lang auf Island und führte dort vegetationskundliche Untersuchungen auf den Schären des Breidafjördur durch. Und immer, wenn ich in der Hauptstadt Reykjavik zu tun hatte, schlug ich mein kleines Zelt auf dem Campingplatz auf, der neben dem Schwimmbad gelegen war. So lag ich auch dieses Mal in meinem Zelt, als ich plötzlich ein lautes Lachen hörte, das mir bekannt vorkam. Als ich verdutzt aus dem Zelt schaute, stand da meine Kommilitonin Karin, die zusammen mit anderen Studenten ihr Zelt aufbaute. Zufällig war ich auf eine Gruppe Saarbrücker Studenten getroffen, die auf Island eine Geomorphologie-Exkursion durchführten. Seit dieser zufälligen Begegnung hatte ich Karin nur wenige Male wiedergesehen, bis wir uns vor zwei Wochen auf der Beerdigung einer Kommilitonin begegnet waren. Karin war schnell überzeugt, mich ein paar Tage zu begleiten und obwohl sie im Beruf stark eingespannt war, hatte sie ein paar Tage frei machen können, um mit mir zu pilgern.

67 Svid ist ein traditionelles isländisches Gericht, das früher ein Arme-Leute-Essen war, heute jedoch als besondere Delikatesse gilt.

Karin ist eine rheinische Frohnatur. Foto: Karin Doering

»Startpunkt unserer Pilgerwanderung ist ein schwarzer Ziegenbock!«, hatte ich Karin erzählt und sie über die Abenteuer meiner letzten Etappe informiert. Nachdem wir unser Basislager in der Ferienwohnung aufgeschlagen hatten, hatte Max uns zu der Stelle gebracht, wo wir vor wenigen Wochen dem schwarzen Ziegenbock begegnet waren. Eigentlich wollte ich Christiane ein Erinnerungsfoto von dem Tier schicken. Doch der Bock war ausgeflogen, vielleicht aber auch schon in der Salami gelandet. Bei leichtem Nieselregen überqueren wir die Hügelkette und erreichen Saint-Jean, das in einem breiten Talkessel liegt.

Natürlich hatten wir am Morgen in Pont-à-Mousson eine Kaffeepause eingelegt und Käse eingekauft. Auch hatte ich einen Karton saarländischen Auxerrois von der Obermosel eingepackt und so verbringen wir mit Patricia und Max einen genussreichen Abend mit guten Gesprächen.

Hügellandschaft des Chalonnais, im Hintergrund Saint-Jean-de-Vaux.

Foto: Karin Doering

Am nächsten Morgen pilgern wir von Saint-Jean über Saint-Denis und Jambles nach Cercot durch eine abwechslungsreiche und harmonische Hügellandschaft. Unterwegs fragen wir einen älteren Winzer nach dem weiteren Weg. Er antwortet in einem breiten französischen Dialekt, den ich nur mühsam verstehe. Das Languedoc[68] rückt näher.

Dorfeingang von St.-Denis-de-Vaux. Foto: Karin Doering

Am Saum einer Hecke zwischen zwei Rebflächen entdecke ich Schmetterlinge, die mich begeistern: Baum-Weißlinge!

---

68 Das Languedoc von fr. langue (Sprache) und okzitanisch oc ist eine historische südfranzösische Provinz, in der okzitanisch gesprochen wird, das sich mehr oder weniger stark mit dem französischen vermischt.

Baum-Weißling. Foto: Karin Doering

Segelfalter. Foto: Rainer Ulrich

Äcker, Wiesen und Weiden sind von langen Hecken eingerahmt.

Obwohl diese Art in Deutschland weit verbreitet ist und als ungefährdet gilt, kenne ich den Schmetterling nur aus Büchern. Noch nie habe ich einen dieser Falter in der freien Natur gesehen. Und jetzt fliegen sogar fünf dieser Schmetterlinge vor mir von Blüte zu Blüte. Die Falter haben eine Spannweite von acht Zentimetern, ihre weißen Flügel weisen eine deutlich schwarze Aderung auf und gehören damit zu den besonders hübschen Schmetterlingen.

An diesem Morgen sollte es nicht die einzige besondere Schmetterlingsart bleiben. Kurz bevor wir Saint-Denis erreichen, gaukelt ein Segelfalter über den Weg. Mit ihren gelben Flügeln mit schwarzen Streifen gehö-

ren Segelfalter zu den größten und schönsten Schmetterlingen Europas. Auch diese Art sehe ich heute zum ersten Mal in meinem Leben.
Saint-Denis ist ein kleiner und gemütlicher Ort mit rund 250 Einwohnern. Auch hier fällt auf, dass der Weinbau für einen gewissen Wohlstand in den Dörfern sorgt. Alle Häuser sind ausnahmslos geschmackvoll restauriert.
Jetzt gehen wir auf einem kleinen und autofreien Landsträßchen bis nach Jambles und besteigen den Mont Avril. Von der Bergspitze aus genießen wir eine beeindruckende Fernsicht auf die Côte Chalonnaise und über die Talniederung der Saône. Der steile Abstieg führt nach Cercot. Von hier aus wollen wir zurücktrampen. Karin war als Schülerin und Studentin häufig als Anhalterin unterwegs, doch ist das schon lange her. Der Start ihrer neuerlichen Trampkarriere verläuft zunächst etwas holprig. Von unserem ersten Zielort Cercot laufen wir einen guten Kilometer wieder zurück. An diesem Nachmittag sind keine Autos unterwegs. Erst kurz vor Jambles, der nächsten Ortschaft auf dem Rückweg, sehen wir wieder Autos. Mehrere fahren vorbei und ignorieren uns. Dann endlich hält ein Ehepaar mit einem kleinen uralten Pickup unbekannter Bauart. Das Fahrzeug ähnelt in etwa einer

Kreuzung zwischen Unimog und Aufsitzrasenmäher. Wir dürfen auf der Ladefläche mit heruntergeklappter Ladeklappe zwischen Blumenstängeln und Pflanzenresten Platz nehmen. Ich klammere mich tapfer an die Äste und gröberen Gartenabfälle um mich herum und verlagere meinen Schwerpunkt so, dass ich nicht von der Ladefläche rutschen kann. Elegant geht anders. Bequem auch.

In Jambles hat der Mini-Pickup sein Ziel erreicht. Doch nachdem ich der Fahrerin von meinem Pilgervorhaben erzählt habe, bittet sie uns einen Augenblick zu warten, organisiert ein Auto und bringt uns nun nach Saint-Jean.

Abends legt uns Max Lammkoteletts auf seinen Grill, dazu trinken wir Pinot Noir aus den benachbarten Weinbergen. Eine echte Alternative zu fermentiertem Schafskopf und Broccoli-Bionade.

Von nun an geht es mit dem Trampen von Tag zu Tag immer schneller:

Am Pfingstsonntag starten wir in Moroges nach Montigny-les-Buxy. So stelle ich mir Irland vor. Die saftigen tiefgrünen Weiden sind eingerahmt von geschnittenen und gepflegten Hecken. An einigen Stellen leuchten rote Orchideen aus den Wiesen heraus. Am bewölkten Himmel über uns ziehen Dutzende Schwarzmilane

Percherons.

ihre Kreise. Auf einer Weide steht eine kleinc Herde weiß-grauer Percherons.[69] Rund 15 dieser schweren Kaltblutpferde bewegen sich in leichtem Galopp über die Weide. Mit ihrer imposanten und wuchtigen Statur gelten die Percheron als die Pferde der Ritter, werden jedoch als Arbeits- und Kutschpferde und heute zunehmend als Freizeitpferde eingesetzt.

Wir erreichen Montagny. Eine Umgehungsstraße führt am Dorf vorbei und die wenigen Autos fahren ziemlich

69 Der Name kommt von der Gemeinde La Perche in Zentralfrankreich, wo diese Pferde ursprünglich gezüchtet wurden.

schnell und können an der engen Straße nicht anhalten. Die Stelle ist zum Trampen ungünstig: So gehen wir ein paar Schritte weiter bis zum Ortsrand. Aus dem tiefergelegenen Dorf dringt das Lärmen eines Festes zu uns herauf. Wir fragen eine Familie, die gerade aus ihrem Haus kommt und zu ihrem geparkten Kleinwagen geht, ob sie zufällig in Richtung Moroges fahren und erklären ihnen, dass wir unser Auto dort geparkt haben.

Nein, sie wollen in entgegengesetzter Richtung zum Dorffest. Nach der Feststellung, dass heute am Sonntag kein Bus fährt, kommen sie ins Grübeln und beschließen nach kurzer interfamiliärer Abstimmung uns vor dem Festbesuch einfach noch nach Moroges zu bringen. Das Fest kann warten. Also quetschen wir uns alle in das kleine Auto und kommen kurze Zeit später wohlbehalten in Moroges an.

Am Pfingstmontag parken wir in der Ortsmitte von Montagny-lès-Buxy. Das Fest, das gestern bis an den Ortsrand zu hören war, wird heute weitergehen, doch jetzt in früher Morgenstunde schläft das Dorf noch. Nur zwei Männer sind dabei, das Festgelände rund um die Kirche und den Kindergarten aufzuräumen.

Der Weg führt entlang der Hangflanke des Saône-Beckens. Immer wieder öffnet sich ein weiter Blick über

Die abgestorbenen Buxbaumwälder bieten ein trauriges Bild.

die regentrübe Landschaft des Saône-Beckens. Die Hänge sind von Buxbaumwäldern[70] geprägt, die allerdings ein trauriges Bild bieten. Die Buxbäume sind braun und abgestorben. Der Buxbaumzünsler hat hier ganze Arbeit geleistet. Der ostasiatische Kleinschmetterling wurde erst vor wenigen Jahren in Mitteleuropa eingeschleppt. In Frankreich wurde die invasive Art erstmals 2009 festgestellt und nun nach gerade einmal zehn Jahren ist der Falter überall zu einem echten Problem geworden.

Bei genauem Hinschauen stelle ich fest, dass die Bäume knapp über dem Boden wieder grün ausschlagen. Auch wenn das gewohnte Waldbild durch den Schmetterling zerstört wurde, die Buxbäume haben offensichtlich überlebt. Es bleibt spannend abzuwarten, wie sich die Sache weiterentwickelt. Natur ist und war immer dynamisch.

Unterwegs werde ich fast von einem Dachs umgerannt. Grummelnd und brummelnd taucht er urplötzlich auf, drängt sich zwischen Karin und mir durch und verschwindet sofort wieder in dichtem Gebüsch unterhalb des Weges. Eigentlich sind Dachse streng nachtaktiv

70 Im Saarland ist der Buxbaum verschollen. Der Botaniker Paul Haffner erwähnt noch Vorkommen am Wolferskopf und im Niedtal bei Gerlfangen.

und verbringen den Tag in ihren verzweigten Bauen. In den Siebzigerjahren waren Dachse im Saarland selten geworden. Intensive Jagd und die Begasung ihrer Baue hatten die Dachspopulation regional an den Rand der Ausrottung gebracht. In den letzten Jahren hat sich die Population allerdings wieder erholt und immer wieder konnte ich Dachse sehen, wenn sie im Autoscheinwerferlicht die Straße überquerten, meistens aber als Verkehrsopfer am Straßenrand. In unmittelbarem Fellkontakt, so wie eben, war ich dem Meister Grimbart jedoch noch nie gekommen.

»Gehst du eigentlich noch jagen?«, will ich von Karin wissen.

»Selten, aber regelmäßig. Immer dann, wenn ich den Boden meiner Tiefkühltruhe sehe«, antwortet Karin. »Ich jage nicht für die Trophäe, sondern ausschließlich für den Kochtopf.«

»Die Jagd hat zu allen Zeiten eine große Bedeutung gehabt. Auch bei den Burgundern.« Und ich erzähle Karin von dem burgundischen König Gundobad, der um 500 nach Chr. ein Gesetzeswerk schuf, mit dem er ein friedliches Zusammenleben seiner Burgunder mit den Gallo-Römern fördern und die kulturelle Annäherung seiner Leute an die römische Kultur voranbringen wollte. Die sogenannte »Lex Burgundionum« enthielt

auch zahlreiche Gesetzesbestimmungen zur Jagd und unterstreicht damit die hohe gesellschaftliche Bedeutung, die die Jagd bei den Burgundern hatte.
»Gundobad stellte mit seinem Gesetzeswerk, das fünfhundert Jahre Bestand hatte, unter Beweis, dass auch gesetzliche Bestimmungen witzig sein können. So wurden ein Dieb, der einen Jagdhund gestohlen hatte, dadurch bestraft, dass er das Hinterteil des Hundes öffentlich küssen und ablecken musste.«
Man kann sich vorstellen, dass diese Strafe unter dem Gejohle der Umstehenden durchaus wirksam war. Irgendwie schade, dass ich von dieser Gesetzesbestimmung noch nichts wusste, als ich das saarländische Jagdrecht novellierte.
Gerade, als wir dabei sind uns an einer geeigneten Stelle am Straßenrand von Culles zum Trampen aufzustellen, kommt bereits das erste Auto – und hält! Das hat noch keine 30 Sekunden gedauert. Ein junger Mönch im mausgrauen Habit sitzt am Steuer. Nein, er muss nicht in unsere Richtung, schon gar nicht nach Buxy. Aber … er müsse noch einen Besuch erledigen, und wenn wir ein wenig Zeit hätten, könne er uns natürlich anschließend zu unserem Auto bringen. Während der Fahrt entwickelt sich ein sehr nettes Gespräch, die Kontaktdaten werden ausgetauscht und ich verspreche

Wir folgen dem historischen Römerweg, der hoch über dem Saône-Tal verläuft, nach Saint-Gengoux

dem jungen sympathischen Mönch bei der nächsten Pilgeretappe in seinem Kloster einzukehren.

Am nächsten Tag gehen wir über einen bewaldeten Hügel nach Saint-Gengoux-le-National. Bis zur französischen Revolution hieß das Kleinstädtchen mit

seinen knapp tausend Einwohnern Gengoux-le-Roi, doch kam der König bei den Revolutionären aus der Mode und kurzerhand wurde die Stadt umbenannt.[71]
Ein Kuckuck begleitet unseren Weg. Zwar sind heute nur etwas mehr als fünf Kilometer zu gehen, doch fällt mir das Gehen heute schwer und wir müssen einige kleinere Pausen einlegen.
Seit Tagen fällt mir auf, dass es hier in Burgund nicht nur viele und bedeutende Klöster gab und noch immer monastisches Leben stattfindet, sondern auch zahlreiche Dörfer die Namen von Heiligen tragen. Ich nehme mir vor nachzuforschen, wo die Gründe für diese offensichtliche und ausgeprägte Frömmigkeit liegen. Und tatsächlich finde ich im Winter 2020 auch eine Antwort.
Ende des 9. Jahrhunderts drangen die Wikinger plündernd und brandschatzend auf den Flüssen bis weit nach Frankreich vor. Bevorzugtes Beuteziel waren die wohlhabenden Klöster.[72]
Richard von Autun stellte sich den brutalen und kampferprobten Wikingern entgegen. Richard war der Sohn des Grafen von Metz, Buvinus, der gleichzeitig

71 »Cancel Culture« am Ende des 18. Jahrhunderts.
72 In meinem Buch »Milane im Wind« hatte ich bereits berichtet, dass die Wikinger auf ihren Beutezügen sogar das Saarland streiften.

888

auch Laienabt von Gorze war. 888 waren die Wikinger wieder einmal in Burgund eingefallen.[73] Richard gelang es, die Wikinger zu verfolgen und im Norden Burgunds zu schlagen. Die Nachrichten von seinen Siegen verbreiteten sich schnell und zahlreiche Mönche verließen die unsicheren Gebiete des Frankenreiches und brachten ihre wertvollen Reliquien nach Burgund, das vergleichsweise sicher war. Hier schossen jetzt neue Klöster wie Pilze aus dem Boden.

Ich bin begeistert. Mich in den langen Wintern mit solchen detektivischen Recherchen zu beschäftigen und zu einem befriedigenden Ergebnis zu gelangen, bereitet mir großen Spaß. Aber, dass die Spur dann auch noch nach Metz und nach Gorze führt, setzt dem Ganzen die Krone auf! Und unterstreicht einmal mehr, dass Metz eines der großen Zentren des Frühmittelalters war.

Karin ist ein fröhlicher und immer gut gelaunter Mensch, zumindest solange, wie ihre Ernährung gesichert ist. An diesem Pilgertag führen wir jedoch lange und tiefgründige Gespräche.

Karin wurde nicht religiös erzogen. So hat sie nicht, wie so viele, negative Erinnerungen an »Kirche«. Sie ist

---

73 Im gleichen Jahr waren die Wikinger auch in Lothringen plündernd unterwegs.

neugierig. Und so erzähle ich ihr von meinem Glauben. »Glauben heißt nicht, alles für wahr halten, was uns die Kirche lehrt, sondern in Gott zu wurzeln und auf ihn vertrauen«, erläutere ich ihr. »Wir Christen sind nicht naiv und leichtgläubig, sondern mit allen Wassern gewaschen![74] Aber wir wissen um die Liebe Gottes und die Liebe, die Gott uns schenkt, zu erfahren. Dieses Geschenk Gottes, das wir im Theologen-Sprech ›Gnade‹ nennen, macht uns Christen stark.«

Einerseits ist es eine intellektuelle Herausforderung, das Christsein zu erläutern und zu erklären, andererseits aber auch ganz einfach. Im Mittelpunkt des Christseins steht die Liebe, die Liebe zu Gott und die Liebe zu den Menschen. Auch Paulus rückt in seinem Brief an die Gemeinde in Korinth die Liebe in das Zentrum seiner Ausführungen »Liebe« ist der Schlüsselbegriff des Christentums.[75]

Doch allzu häufig waren und sind es Machtfragen und nicht die Liebe, die im Fokus unserer Kirche standen. Als im vierten Jahrhundert auf dem Konzil von Nicaea das Glaubensbekenntnis verabschiedet wurde, ging es um die Machtfrage zwischen den arianischen Christen

74 Sogar mit Weihwasser!

75 Nun aber bleibt Glaube, Hoffnung, Liebe, diese drei; aber die Liebe ist die größte unter ihnen.

und den katholischen Christen Roms. Der theologische Streit drehte sich um die Frage, ob Jesus Christus »gottgleich« oder »gottähnlich« sei?
Theologische Spitzfindigkeiten, die ich genausowenig erklären kann, wie die Unterschiede zwischen evangelisch und katholisch. Das Glaubensbekenntnis der Kirche hat sich in der Spätantike mehrmals geändert. Heute sprechen wir das sogenannte »Credo«, das in Südgallien im 5. Jahrhundert entstanden ist.
Das Wort »Liebe« hat es jedenfalls nicht in den Text geschafft. Bei allem Respekt vor einem Text, der auch

nach mehr als 1.500 Jahren weltweit von mehr als zwei Milliarden Menschen gebetet wird, was spräche dagegen, das Glaubensbekenntnis zu ergänzen? »Ich wurzele in der Liebe Gottes und vertraue auf die Macht der Liebe unter den Menschen.«

Wie schön wäre es und wie weltbewegend könnte es sein, wenn sich die Christen oder gar die großen Weltreligionen hinter einem solchen Glaubensbekenntnis versammeln würden.

Aber warum eigentlich nicht?

Lange sprechen wir[76] über das Pfingstfest, die Dreifaltigkeit und den Heiligen Geist und sind damit bei einer Frage angelangt, die jahrhundertelang die Theologen beschäftigt hat und oftmals für Streit und Spaltung sorgte.

Heute scheinen theologische Fragen nur noch von nachgeordnetem Interesse zu sein. Auch hier bin ich irgendwo aus der Zeit gefallen. So spannend und interessant theologische Fragestellungen auch sein mögen, Wissen, religiöse Bildung oder philosophischer Diskurs sind keine Voraussetzungen zum Christsein. Zentral und entscheidend ist die Liebe. Die Liebe zu Gott und die Liebe zu den Menschen,

Während wir solche Fragen erörtern, nähern wir uns gemächlich unserem Zielort Saint-Gengoux-le-National. Ich gehe langsamer und meine Spastik hat spürbar zugenommen. Immer wieder bleibe ich für einen Augenblick stehen, schnaufe kurz durch und versuche etwas zu entspannen. Als ich Karin um Verständnis bitte für meine langsame und stockende Fortbewegung, reagiert sie in leicht harschem Ton.

»Da gibt es nichts zu entschuldigen. Es ist doch allemal besser, im Schneckentempo durch Burgund zu pilgern,

---

76 Korrekterweise muss es heißen: Stefan redet und Karin hört brav, aber interessiert zu.

als deinen Rollator im Hundert-Meter-Radius rund ums Haus zu schieben!«

Karin trifft damit den Nagel auf den Kopf. Ich hatte es schon fast vergessen, dass es noch gar nicht so lange zurückliegt, dass ich nur unter großer Mühsal mit dem Rollator den Radius um unser Haus sukzessive erweiterte und dabei immer wieder an meine Leistungsgrenzen geriet. Manchmal dauerte es mehrere Tage, bis ich mich von solchen Ausflügen halbwegs erholt hatte. Und jetzt? Jetzt stehe ich im Süden Burgunds und meine Pilgerreise geht weiter. Auch wenn es manchmal schwerfällt.

Der Weg führt weiter über die Höhe und nimmt einen Verlauf, wie er für Römerstraßen charakteristisch ist. Saint-Gengoux gab es schon in gallo-römischer Zeit. Hier liefen fünf Römerstraßen zusammen und kreuzten sich. Vieles spricht dafür, dass wir die letzten beiden Tage auf einem historischen Römerweg unterwegs waren. Plötzlich öffnet sich der Blick und Saint-Gengoux liegt vor uns im Tal. Deutlich lässt sich erkennen, dass der mittelalterliche Charakter der Stadt erhalten geblieben ist. Die kleinen engen Sträßchen und Gassen verlaufen parallel zur Stadtmauer, die teilweise erhalten geblieben ist und deren Verlauf sich von oben gut erkennen lässt. Das Kleinstädtchen, dessen Bevölkerungszahl in den letzten 50 Jahren konstant geblieben ist, zählt rund tausend Einwohner.

Durch einen engen Durchlass in der Stadtmauer betreten wir die mittelalterliche Stadt. Die Straßen sind eng und beidseits dicht mit historischen Häusern bebaut. Mein Blick fällt auf eine Jakobsmuschel, die an einer Hauswand befestigt ist. Daneben ein Hinweisschild, dass sich in dem mittelalterlichen Gemäuer eine Pilgerherberge befindet. Sicher eine stimmungsvolle und besondere Herberge.

Die engen Gassen öffnen sich zu einem kleinen Platz in der Stadtmitte, der von der Kirche dominiert wird. Rund um den Platz gibt es Metzgerei, Bäckerei und eine Kneipe, die jedoch ausgerechnet an diesem Nachmittag geschlossen hat. Das nimmt uns die Entscheidung ab und so besuche ich die Kirche, die zu den sogenannten »Site clunisien« zählt, den Bauwerken, die zum klösterlichen Netzwerk Clunys gehören. Bereits um 950 kam die Kirche Saint-Gengoux in den Besitz der schwarzen Mönche, wie die Benediktiner wegen ihres schwarzen Habits genannt wurden.[77]

Um 1100, Cluny hatte sich inzwischen prächtig entwickelt und richtete in diesem Ort eine Niederlassung ein, die von einem Mönch geleitet wurde und sich zu einem

77 Cluny war gerade mal vierzig Jahre früher gegündet worden.

Pilgerherberge im mittelalterlichen Stadtkern von Saint-Gengoux.

der bedeutendsten Plätzen des Ordens entwickelte. Als der Graf von Chalon im Jahr 1166 die Güter des Klosters plündert, rufen die Mönche den französischen König Louis VII. zu Hilfe. Der Abt von Cluny und der französische König schließen einen Vertrag. Fortan beschützt der König die Mönche, erichtet eine Garnison und erhält dafür einen Teil der Einkünfte aus den Gütern der Mönche. Die Kooperation schlägt sich auch im Namen des Städtchens nieder. Von nun an heißt der Ort Saint-Gengoux-le-Roi.

Die Koalition zwischen dem französischen König und den schwarzen Mönchen trägt Früchte. Der Ort blüht auf, die Bevölkerung nimmt zu – und das in einer Zeit, in der in Europa die Pest wütet. Schließlich wird eine Erweiterung der Kirche in Angriff genommen und im 13. Jahrhundert vollendet. Heute gilt die Kirche als ein Musterbeispiel des Überganges von der Romanik zur Gotik.

Eine weitere Besonderheit: Gleich zwei unterschiedliche Türme ragen in den Himmel und sind in luftiger Höhe durch eine kleine Holzbrücke miteinander verbunden. Der Kirchturm mit seinen kleinen Rundbogenfenstern ist unzweifelhaft der romanischen Bauphase zuzuordnen, während die Kirchturmspitze erst im 19. Jahrhundert ergänzt wurde. Der zweite Turm ist ein schmaler fensterloser Wehrturm, der aus dem 16. Jahrhundert stammt. Welche Funktion der eigentümlichen Brücke zukommt, erschließt sich mir nicht. In jedem Fall aber eine interessante und außergewöhnliche Konstruktion.

Eigenartige Brückenkonstruktion zwischen den Kirchtürmen in der Stadtmitte von Saint-Gengoux.

Als in der französischen Revolution der Kopf des Königs rollt, wird der Hinweis auf den König auch aus dem Namen des Städtchens gestrichen. Aus Saint-Gengoux-le-Roi wird nun Saint-Gengoux-le-National. Die Kirchentür steht weit offen. Für einige Minuten setze ich mich in eine Kirchenbank und bete still und danke Gott für die zurückliegenden Pilgertage. Außer mir befindet sich nur eine weitere Frau in der Kirche. Als diese nach wenigen Minuten die Kirche wieder verlässt, nutze ich die Gelegenheit und schmettere aus vollem Hals meinen Psalm.

»Deinen Gesang hat man hier draußen auf dem ganzen Platz hören können«, teilt mir Karin schmunzelnd mit. Vor dem Kirchenportal hat sie geduldig auf mich gewartet.

»Ich habe extra gewartet, bis ich alleine in der Kirche war.« Ich erkläre ihr, dass Psalmen gesungene Gebete sind, die keine festgelegte Melodie besitzen.

»Das kommt dir natürlich sehr entgegen!«, entgegnet mir Karin, die meine Freude am Singen schon aus Studentenzeiten kennt, aber auch weiß, dass ich zwar textsicher bin, aber nur selten, wenn überhaupt, den richtigen Ton treffe.

Wie es heute wohl mit dem Zurücktrampen klappen wird? Auf dem Weg zur Ausfallstraße geht Karin einige Meter vor mir. Vorwitzig streckt sie schon mal versuchsweise den Daumen zaghaft in Richtung der Straße und sofort legt ein schwarzer Kleinwagen eine Vollbremsung hin. In radebrechendem Französisch bedeutet Karin der Fahrerin, sie möge noch einen Augenblick warten, bis ich herangehumpelt sei. Schließlich erkläre ich ihr die Situation. Nein, die Dame will nicht nach Culles, sondern nur nach Hause. Aber …

»Steigt ein, ich habe in Culles Freunde, die werden sich über einen Überraschungsbesuch freuen. Ich bringe euch hin.«

Als wir weiterfahren, zeigt sie uns, wo sie wohnt. Keine 300 Meter weiter! Aber gerne und selbstverständlich bringt sie uns zu unserem Auto.

Zurück in unserer Unterkunft, erfahren wir, dass Max für den Abend eine Weinprobe bei einem Winzer im Nachbarort organisiert hat. Ich bin gespannt auf eine neue Rebsorte, die ich bislang noch nicht kenne. Aligoté. Die Aligoté ist eine Weißweinsorte. Nach dem Chardonnay steht die Aligoté im Burgund an zweiter Stelle der angebauten Weißweintrauben. Die Rebsorte stammt ursprünglich aus dem Burgund, verliert jedoch zunehmend an Anbaufläche.[78] Die ertragreiche Traube lässt sich nicht zu hochwertigen Weinen ausbauen, sondern vergärt zu leichten und säurebetonten Weinen, die man jung trinkt. Oder noch besser – mit Crème de Cassis zu Kir[79] mischt.

Im Zwielicht des gemütlichen Weinkellers breite ich auf einem Holzfass die Landkarte aus und wir zeich-

78 In Osteuropa wird die Aligoté nach wie vor häufig angebaut.

79 Benannt nach Kanonikus Kir, katholischer Geistlicher, Widerstandskämpfer und Bürgermeister von Dijon.

Im Weinkeller findet eine erfolgreiche und anstrengende Pilgeretappe ihren Abschluss.

nen mit dem Finger unseren Pilgeretappen der letzten Tage nach.

Karin ist hellauf begeistert, wie gut es an jedem der letzten Tage gelungen ist, zu unserem Auto zurückzutrampen: »Bei dieser täglichen Steigerung unseres Erfolgs beim Trampen bin ich richtig froh, dass diese Pilgeretappe nun ein Ende hat. Vielleicht würde mir beim nächsten Mal sonst noch der Daumen abgefahren! Oder wir lösten Zwistigkeiten unter friedlichen Burgundern aus, wer uns zurückfahren darf!«, scherzt Karin und fügt hinzu: »Vielleicht sind wir aber auch nur versehentlich in die über Pfingsten ausgetragenen burgundischen Meisterschaften im Express- oder Speedtramping geraten und es hatte alles nichts mit uns zu tun. Wer weiß?«

SIEBTES KAPITEL,

in dem ich die »Gemeinschaft des Heiligen Johannes« kennenlerne, durch das Tal der Grosne pilgere und schliesslich in Taizé ankomme …

Dienstag, 10. September
Von Saint-Gengoux-le-National nach Comartin
8,5 Kilometer

Mittwoch, 11. September
Von Comartin nach Taizé 4,6 Kilometer

Donnerstag, 12. September
Von Taizé nach Massily 4,0 Kilometer

Der Sommer war heiß und ist es noch immer. Um die Hitze zu vermeiden, habe ich in den Monaten Juli und August eine Pilgerpause eingelegt. Doch nun geht es weiter. Alleine. Noch immer ist es eine Herausforderung, alleine zu reisen. Aber ich will mich der Aufgabe stellen. Vor allem die lange Autofahrt liegt mir im Magen. Daher habe ich die Anreise auf zwei Tage aufgeteilt und eine Zwischenübernachtung in einem kleinen schnuckeligen Hotel in Montsaugeon[80] gebucht. Bis dahin sind es 280 Kilometer. Die französischen Autobahnen sind im Vergleich zu den Autobahnen in Deutschland angenehm. Deutlich weniger Verkehr, keine Raser – das Tempolimit ist in Frankreich selbstverständlich. Und da ich seit einiger Zeit über ein kleines Zauberkästchen hinter meiner Windschutzscheibe verfüge, das die Maut-Schranken wie von Geisterhand öffnet, komme ich wohlbehalten und entspannt bereits am Nachmittag in dem malerischen Dörfchen an.

Nach einem – für französische Sitten – opulenten Frühstück setze ich meine Fahrt fort und erreiche gegen Mittag Saint-Gengoux-le-National und parke mein

80 Montsaugeon ist ein schön gelegener Ort mit gerade mal 80 Einwohnern und einer romanischen Kirche. Das von Holländern geführte Hotel »Le Bailli« ist im ehemaligen Verwaltungssitz der »Baillage« untergebracht und verfügt nur über drei Zimmer, die geschmackvoll mit antiken Möbeln ausgestattet sind.

Auto vor der Kirche in der Ortsmitte. Auch wenn ich erst zum zweiten Mal hierher komme, sind mir Kirche und Ort bereits sehr vertraut und ich fühle mich wohl. Nach heftigem und lautstarken Psalmodieren in der romanischen Kirche mit seinem merkwürdigen Doppelturm suche ich die ehemalige Bahntrasse, die vor einigen Jahren in einen Freizeitweg umgewandelt wurde. Der ehemalige Bahnhof am Stadtrand berherbergt eine Gaststätte mit dem fantasievollen Namen »Restaurant de la Gare«. Die Gaststätte strahlt den Charme einer Bahnhofskneipe der Siebzigerjahre aus, ist aber proppenvoll. An einem Tisch in einem Nebenzimmer ist noch ein Platz für mich frei und ich finde mich in einer Runde von älteren Männern wieder. Neugierig wollen sie wissen, wo ich herkomme und wo ich hin will. Im Handumdrehen bin ich in ihrem Kreis integriert und es entwickelt sich ein lebhaftes Gespräch, nur unterbrochen von einem deftigen und kalorienreichen Mittagessen.

Ein Mittagsschlaf würde mir jetzt guttun. Aber dafür ist jetzt weder Zeit noch Gelegenheit. So mache ich mich nach einem doppelten Espresso auf den Weg. Bis zum Tagesziel Comartin sind es achteinhalb Kilometer. Der Weg führt vollständig über die »voie verte« und ich komme gut voran. Viele Radfahrer, überwiegend Holländer sind unterwegs. Nach einigen Kilometern werde ich von vier Radlern angesprochen. Die Jakobsmuschel an meinem Rucksack hat das Interesse von zwei Paaren geweckt und als sie mich ansprechen, stelle ich an ihrem unverwechselbaren Akzent fest, dass es sich um Deutsche handelt. Ich erzähle ihnen, dass ich heute bis Comartin marschieren will und dann nach Saint-Gengoux zurücktrampen möchte.

»Wir können Sie auch gerne fahren«, bieten mir die freundlichen Deutschen an. »Kommen Sie einfach auf den Campingplatz von Comartin, dort stehen unsere Wohnwagen und mit dem Auto bringen wir Sie gerne nach Saint-Gengoux.«

»Das ist ja super!«, antworte ich, »aber ich werde noch etwa drei Stunden brauchen, bis ich in Commartin ankomme.«

Kaum sind die Deutschen weitergefahren, spricht mich ein junger Franzose an. Mit strammem Schritt ist er zu Fuß unterwegs und ich erfahre, dass er im vergangenen Jahr vom Mont Saint-Michel bis nach Santiago de Compostela gepilgert sei.

»Ich bin Lehrer und habe Ferien, die ich im Freiwilligendienst in Taizé verbringe.«

»Dort will ich hin«, entgegne ich ihm, »vielleicht laufen wir uns dort morgen über den Weg?«

»Sûrement, frag einfach nach Nicolas!«
Kurz vor Comartin verlasse ich den Freizeitweg und biege auf den Weg zum Campingplatz am Ortsrand ein. Die Deutschen haben mir eine Wegbeschreibung zu ihrem Standort gegeben und ich finde sie sogleich. Ich bin müde und sie bieten mir einen bequemen Sitzplatz an ihrem Campingtisch und ein Glas Pinot an.

Bei gastfreundlichen und hilfsbereiten Deutschen auf dem Zeltplatz von Comartin.

Ob Wein jetzt das richtige Getränk ist? Ein halbes Glas genügt. Stattdessen bitte ich um Wasser. Sofort fühle ich mich wohl und dazugehörig. Die herzliche Gastfreundschaft und Hilfsbereitschaft, die gemütliche Atmosphäre des Campingplatzes, dazu das Gefühl, eine stattliche Etappe geschafft und bereits den Rücktransport gesichert zu haben, lässt ein wohliges Gefühl in mir aufsteigen. Und – als ob sie meine Gedanken erraten könnten – reichen sie mir ein Stück Schokolade. La vie est belle!

Ralph, inzwischen kenne ich ihre Namen, erzählt, dass sie aus Hessen kommen, er sei viele Jahre Bürgermeister in einer kleinen Gemeinde gewesen und man wolle nach Spanien und vielleicht nach Portugal.

»Wir haben Zeit und werden drei, vier Monate unterwegs sein. Dort, wo es uns gefällt, werden wir einige Tage bleiben.«

Moderne Vagabunden.

So gemütlich die Runde auch ist, bald bitte ich Ralph, mich nach Gengoux zurückzubringen. In Rimont habe ich in der Communité de Saint-Jean für die nächsten zwei Tage ein Zimmer im Gästehaus gebucht, und möchte nicht allzu spät am Abend dort ankommen. Von Gengoux bis Rimont sind es nur zehn Kilometer, und ich zockele langsam und gemütlich durch die harmonische Landschaft Burgunds, die von der Abendsonne in ein warmes und goldenes Licht getaucht wird. Rimont liegt abseits auf einem kleinen Hügel. Das Dörfchen wird geprägt durch den Klosterkomplex und die Kirche. Außerdem gibt es noch ein großes landwirtschaftliches Anwesen. Ich stelle mein Auto neben der Kirche ab. Ein greiser Mönch kommt mir entgegen. Gebeugt und auf seinen Stock gestützt, bewegt er sich langsam auf die Kirche zu. Mit leiser, brüchiger Stimme erklärt er mir, wo ich Marie-Jérôme finde.

Bis zu dem zufälligen Zusammentreffen beim Trampen vor wenigen Wochen, habe ich weder von der Existenz dieses Klosters gewusst, noch den Orden gekannt. Schon während der Autofahrt hatte ich Marie-Jérôme ein Loch in den Bauch gefragt. Um welchen Johannes, dessen Namen die Bruderschaft trägt, handelt es sich? Johannes der Täufer? Oder der Evangelist Johannes? Marie-Jérôme hatte mir erklärt, dass es der Evangelist sei. Der Bruder des Jakobus, zu dessen Grab ich pilgere. Der Jünger, von dem geschrieben steht, dass Jesus ihn am meisten liebte und der sich bei der Kreuzigung nicht verkrümelt hatte, sondern mit Maria unter dem Kreuz stand. Zu meinem Erstaunen hat mir Marie-Jérôme erklärt, dass die »Frères de Saint-Jean« kein Mönchsorden seien, ich habe aber nicht verstanden, warum. Zuhause habe ich im Internet nachgeschaut und in Erfahrung gebracht, dass die Gemeinschaft noch jung ist. Erst 1975 war sie von einem Dominikaner Marie-Dominique Philippe in der Schweiz gegründet worden und hat sich 1978 in Rimont angesiedelt. 1982 haben

sich dann die »sœurs contemplatives« und zwei Jahre darauf die »sœurs apostoliques« gegründet.
Seit diesen Gründungen[81] hat die Gemeinschaft eine fulminante Entwicklung genommen. In den noch nicht einmal 50 Jahren haben sich Dutzende Priorate und Ableger in der ganzen Welt gegründet, aber auch schwerwiegende Krisen musste die Gemeinschaft überwinden.
Marie-Jérôme wartet bereits auf mich. Während er mir den Gastbereich des Klosters zeigt, erklärt er mir, dass die Spiritualität der Gemeinschaft hauptsächlich auf den Schriften des Evangelisten Johannes gründe. Die

Drei Dutzend überwiegend junge Mönche singen und beten in der Kirche von Rimont.

81 Seit 1986 ist die Kongregation der «Brüder des Heiligen Johannes« eine religiöse Einrichtung nach bischöflichem Recht des Bischofs von Autun.

»Priorate« seien rechtlich und wirtschaftlich eigenständig und auch hinsichtlich ihrer Aufgaben sehr verschieden. Man lebe und bete gemeinsam. Das Streben nach Bildung, insbesondere Theologie und Philosophie nehme einen wichtigen Platz im Leben der Mitglieder der Gemeinschaft ein. Ich bin der einzige Gast und Marie-Jérôme bringt mich in einem modernen und hellen Zimmer im Gästehaus unter. Mir gefällt das Streben nach Bildung und lebenslangem Lernen. Marie-Jérôme spricht gut deutsch und gemeinsam beten wir ein Vaterunser, bevor er mich allein lässt.

Am nächsten Morgen starte ich in Cormatin und parke mein Auto in der Ortsmitte. Obwohl der Ort nur 600 Einwohner hat, ist er belebt. Nach einem kurzen Psalmodieren in der Kirche verlasse ich den belebten Ort und gehe an Geschäften, einem Restaurant und sogar einem Fremdenverkehrsbüro vorbei. Bemerkenswert viel Geschäftigkeit für einen Ort, der gerade mal 600 Einwohner verzeichnet. Zunächst muss ich durch eine nervenzehrende Baustelle, doch dann erreiche ich wieder den Freizeitweg. In der Talaue der Grosne stolziert ein Storch zwischen Limousinrindern, ohne mich zu beachten. Scharenweise fahren Holländer in schreiend bunten Klamotten auf ihren Fahrrädern an mir vorbei. Nach drei Kilometern zweigt eine kleine Landstraße ab.

Am Ortsschild mache ich ein Selfie. Ich bin in Taizé angekommen! Zum ersten Mal in Taizé. Seit meiner Jugend war Taizé ein Sehnsuchtsort. Einige meiner Klassenkameraden und Freunde waren damals in Taizé gewesen und begeistert zurückgekommen. Damals erzählten sie von der Internationalität, der Gemeinschaft der jungen Leute aus der ganzen Welt, dem gemeinsamen Singen und Beten und dem guten, dem heiligen Geist, der an diesem Ort und in der Gemeinschaft herrscht. Und sie erzählten von Roger Schütz, dem charismatischen Gründer der Gemeinschaft. Ich bin gespannt, was mich erwartet. Das Dörfchen liegt hoch oben auf einem steilen Prallhang der Grosne und die kleine Straße führt steil bergan. Langsam und gemächlich gehe ich auf die kleine Kirche zu. Nicht nur weil mir die Puste ausgeht, bleibe ich immer wieder stehen, drehe mich um und schaue auf das Tal hinunter, durch das die Grosne mäandert. Taizé, der Sehnsuchtsort meiner Jugend, liegt in Sichtweite vor mir. Ich bin gücklich.

Zunächst suche ich die kleine romanische Kirche auf. Vor dem Eingang liegt ein kleiner Friedhof und als ich mich umschaue, entdecke ich das Grab von Roger Schütz. Kein monumentaler Grabstein, sondern ein schlichtes Holzkreuz schmückt das kleine Grab,

Ein schlichtes Holzkreuz steht auf dem Grab von Roger Schütz neben der romanischen Dorkirche.

auf dem einige Wiesenblumen niedergelegt wurden. Während ich an dem Grab stehe und bete, nähert sich ein Mädchen, vielleicht zwanzig Jahre alt, legt frische Wiesenblumen nieder und verharrt ebenfalls eine kurze Weile im Gebet. Schön zu spüren, dass Frère Roger über die Generationen hinweg auch heute noch junge Menschen anzieht und fasziniert.

Im Kriegsjahr 1940 kommt Roger Schütz[82] mit fünfundzwanzig Jahren erstmals nach Taizé. In dem kleinen Nest leben gerade mal hundert Einwohner. Frère Roger sollte sein ganzes Leben lang in diesem Dorf bleiben, bis er 2005 – inzwischen ist er neunzig Jahre alt – durch eine Gewalttat getötet wird. Während der allabendlichen Andacht, die er zusammen mit 2.500 Jugendlichen feiert, dringt eine verwirrte Frau in den Chor der Kirche ein und ersticht Roger Schütz.

Bis zu diesem grausamen Ende hatte sich Frère Roger sein ganzes Leben lang unermüdlich für Frieden unter den Menschen eingesetzt und dabei vor allem auf die Jugend gesetzt. Versöhnung war das Thema seines Lebens. In den Sechzigerjahren baute Roger eine neue große Kirche am Rand des Dorfes. Die kleine Dorf-

82 Geboren wurde Roger Schütz 1915 in der Schweiz in eine kinderreiche Familie. Sein Vater war protestantischer Pfarrer, seine Mutter stammte aus Burgund.

Seit siebzig Jahren beten und singen in Taizé Tausende junge Menschen aus der ganzen Welt.

kirche war längst viel zu klein geworden für die jungen Menschen, die aus ganz Europa heranströmten.
Der Name der Kirche war und ist bis heute Programm »Eglise de la réconcilation« (Versöhnungskirche).
Nicht nur die Versöhnung zwischen den Völkern nach dem Krieg, sondern auch Versöhnung zwischen den Konfessionen und zwischen den Religionen standen und stehen im Zentrum der jahrzehntelangen Arbeit von Frère Roger und seinen Mitbrüdern.
Ich betrete die kleine Dorfkirche von Taizé. Die einfache und einschiffige Kirche verströmt eine behagliche Ruhe und Festigkeit. Ob es an der massiven Bauweise der Romanik liegt? Jedenfalls habe ich schon oft gespürt, welche Ruhe und Erhabenheit von den romanischen Kirchen ausgehen. Auch an diesem Morgen empfinde ich in besonderer Weise die Kraft dieses Ortes. Lange bleibe ich in der Kirchenbank sitzen und lasse diese Kraft auf mich einwirken. Jetzt zur Mittagsstunde fällt die Sonne durch die kleinen romanischen Fenster und projiziert ein buntes und heiteres Muster auf die schweren Steinplatten des Kirchenbodens. Danke! Ich bete und danke. Für diese herrliche Welt.
Nach geraumer Zeit verlasse ich die Kirche. Auf dem großen Platz mitten im Ort sind Dutzende junger Menschen dabei Teller zu spülen. Ich höre deutsche,

Die kleine romanische Dorfkirche von Taizé strahlt Ruhe und Festigkeit aus.

französische, englische, polnische, spanische und italienische Stimmen. Aber auch Sprachen, die ich nicht zuordnen kann, sind zu hören und lassen mich an

Pfingsten denken. Was damals geschehen ist, erzählt uns Lukas ausführlich in der Apostelgeschichte.
Fünfzig Tage nach dem Pessachfest kamen Menschen von überall her, um das Schawuotfest zu feiern. Der erste Weizen war geerntet worden und die Juden feierten ein Erntedankfest. Es herrschte reges Treiben in Jerusalem und auch die Apostel hatten sich unter einem Dach versammelt. Lukas erzählt, dass »alle erfüllt wurden vom Heiligen Geist«. Die Apostel waren einfache Männer, Fischer, Bauarbeiter, Bauern und obwohl sie in ihrer Muttersprache aramäisch redeten, konnten sie sich verständlich machen. Sie waren »begeistert«. Und dieser Geist, der »Heilige Geist«, sprang auf viele andere über, die die Apostel reden hörten und verstanden. Viele, vielleicht die meisten Menschen, auch die getauften, können mit dem »Heiligen Geist« wenig bis gar nichts anfangen. »Heilig« heißt im hebräischen »kadosch«. Kadosch bedeutet auch »sehr besonders« im Sinne von alles andere als alltäglich. »Heiliger Geist« lässt sich somit übersetzen als ein »ganz besonderer und alles andere als alltäglicher Geist«. Und hier in Taizé, hier kann man ihn spüren, den ganz besonderen, alles andere als alltäglichen Geist, den »Heiligen« Geist. Und genau wie damals an Pfingsten springt er auch heute auf viele junge Menschen über, egal welche

Sprache sie sprechen. Den »Heiligen Geist« zu erklären und zu beschreiben oder gar zu definieren, ist und bleibt schwierig, zumal in einer verkopften Welt. Aber man kann ihn spüren, mit dem Herzen fühlen.[83]

Und hier in Taizé ist das auch nach mehr als zweitausend Jahren nach dem Pfingstereignis in der Bibel möglich.

Und wie sollte es anders sein? Es dauert nicht lange und Nicolas, den ich gestern kennengelernt habe, läuft mir über den Weg. Er kennt die profanen Bedürfnisse der Pilger bestens. Sogleich organisiert er mir eine große Tasse mit rabenschwarzem Kaffee.

Jung, lebendig, fröhlich – Taizé!

»Jetzt ist es vergleichsweise ruhig hier«, erklärt er mir. »Knapp tausend Leute sind zur Zeit hier, vor wenigen Wochen waren es mehr als 15.000 Menschen, die hier das Pfingstfest gefeiert haben.«

83 »Nur mit dem Herzen sieht man gut.« (Antoine de Saint-Exupéry)

Schon die schiere Zahl lässt staunen. 15.000 Menschen, die alle ernährt werden müssen! Alle Arbeiten von Kartoffelschälen bis Toiletten putzen werden von Freiwilligen und ehrenamtlichen Helfern erledigt. Beeindruckend zu sehen, was geht, wenn der »Heilige Geist« über allem schwebt! Auch Nikolas ist einer der Helfer. Er ist Lehrer und verbringt seine Ferien hier in Taizé. Während wir auf einer Steinbank im Schatten eines Baumes sitzen, erzählt Nicolas von seinen Erlebnissen hier in Taizé. Drei sehr junge und hübsche Nonnen gehen an uns vorüber.

Nicolas zeigt mir die Bushaltestelle, doch der fahrplanmäßige Bus kommt nicht. Aber an einem Ort, wo Hilfsbereitschaft selbstverständlich ist, sollte es auch problemlos möglich sein per Anhalter zu fahren. Und in der Tat dauert es nur wenige Minuten bis ein Ehepaar anhält und mich nach Comartin mitnimmt. Rechtzeitig zum Vespergebet bin ich wieder zurück in Rimont. Nach dem Gebet lädt mich Marie-Jérôme ein, mit den Mönchen zu Abend zu essen und führt mich in das Refektorium. Gemeinsam mit 40 Mönchen essen wir schweigend schmackhaften Linsensalat.

Die Laudes, das Morgenlob wird hier in Rimont um sieben Uhr gebetet, eine humane Zeit. Sicherheitshalber habe ich mir dennoch den Wecker gestellt, da ich nicht ganz sicher bin, ob meine innere Uhr mich rechtzeitig weckt. Doch werde ich bereits wenige Minuten vor meinem Wecker wach und bin als erster in der kühlen und dunklen Kirche. Kurz nach mir trifft der erste der Mönche ein und läutet mit einem dicken Strick eine Glocke, die zum Gebet ruft. Nach und nach eilen 38, überwiegend junge Mönche herbei. Während der Morgenandacht höre ich plötzlich ein leises, aber unverwechselbares Schnarchen. Behutsam wende ich mich der Quelle des Geräusches zu und blicke in das Gesicht eines schlafenden Mönches.

»Den Seinen gibt's der Herr im Schlaf«.[84]

Ich schmunzele und denke an meinen Vater, der so manches Mal in der samstäglichen Vorabendmesse neben mir eingeschlafen ist. An den Samstagen war häufig Arbeit in unserem kleinen Privatwald in Marpingen angesagt. Und wenn wir dann nach einigen Stunden anstrengender Waldarbeit, häufig mit einem völlig mit Brennholz überladenen Wagen, wieder zuhause ankamen, ging es zuerst unter die Dusche und anschließend zur Kirche. Kein Wunder, dass mein Vater nach solchen Tagen müde war und während der Predigt einschlief. Meist ließ ich ihn schlafen. Nur, wenn er allzu vernehmlich schnarchte, stieß ich ihm meinen Ellbo-

84 Psalm 127

gen in die Rippen und sorgte auf diese Weise für Ruhe, wenigstens für ein paar Minuten.

In manchen Klöstern gab es in früheren Jahrhunderten einen anderen Umgang mit schlafenden Brüdern: Während der Gebetszeiten ging ein Ordensmann mit einer Laterne von Mönch zu Mönch und leuchtete ihnen ins Gesicht. Traf er einen seiner Brüder schlafend an, so weckte er ihn und der Schläfer musste nun die Laterne übernehmen und solange von Mönch zu Mönch gehen, bis er den nächsten schlafenden Bruder fand und die Laterne wieder abgeben durfte. In den Klöstern mit einigen Dutzenden Mönchen, die jede Nacht um vier Uhr die vigilia beteten, dauerte die Suche sicher nicht allzu lange.

Für heute habe ich nur eine kleine Wegetappe geplant, und so lasse ich mir Zeit, verabschiede mich von Marie-Jérôme und fahre über die kleinen Landstraßen nach Taizé. Dort nehme ich mit rund 400 Jugendlichen am Mittagsgebet in der modernen Betonkirche teil, die Roger Schütz und seine Freunde 1961 erbaut haben.

Es liegen nur wenige Stunden zwischen der Laudes in Rimont und dem Mittagsgebet in Taizé. Hier herrscht eine gänzlich andere Stimmung. Die Kirche ist hell, bunt und fröhlich. Die zahlreichen, jungen Leute sin-

gen kräftig mit. Einschlafen, auch nach einem langen Pilgertag, wäre hier unmöglich. Dazu ist die Stimmung zu mitreißend und fröhlich. Beeindruckt verlasse ich die Kirche. Vor der Kirchentür treffe ich ein weiteres Mal Nicolas und drücke ihm eines meiner Bücher in die Hand.

Der Weg nach Massily führt durch die Felder. Er ist landschaftlich sehr reizvoll, aber auch beschwerlicher als der Freizeitweg. Einige Male drehe ich mich um und schaue zurück auf Taizé. Es tut gut, eine Kirche zu erleben, die jung ist und sich im Aufbruch und Wachsen befindet!

Auf dem Feldweg wartet eine naturkundliche Besonderheit auf mich. Dutzende von Rotflügligen Ödlandschrecken fliegen vor mir auf und lassen sich nach wenigen Metern wieder nieder. Bisher kannte ich diese seltene Art nur aus Büchern. Auf den grauen Kalkschotter-Wegen sind die Heuschrecken bestens getarnt und kaum auszumachen. Nur wenn sie auffliegen, kann man die roten Flügel sehr deutlich sehen. Warum diese hübsche Heuschrecke ausgerechnet Oedipodia germanica heißt, erschließt sich mir nicht. In Deutschland ist die wärmeliebende Art sehr selten und wird auf der Roten Liste Deutschlands sogar als »Unmittelbar vom Aussterben bedroht« geführt. Zwischen den Rotflügligen Ödlandschrecken sind auch einige Blauflüglige Ödlandschrecken[85] zu sehen. Diese Art kommt auch im Saarland vor und ist vor allem auf den warmen und vegetationsarmen Böden der Bergehalden zu finden. Die Hinterflügel dieser Art sind hellblau – eine Unterscheidung zwischen beiden Arten ist daher leicht möglich. Warum die Evolution hier zwei Arten hervorgebracht hat, die zur gleichen Zeit und im gleichen Lebensraum leben, frage ich mich und überlege, ob die Nachkommen einer Rotflügligen Heuschreckendame und eines Blauflügligen Heuschreckenherren kleine Heuschreckenkinder mit lilafarbenen Flügeln wären. Unter den Dutzenden vor mir flüchtenden Heuschrecken sehe ich jedoch vor allem Rotflüglige und nur wenige Blauflüglige. Lilaflüglige suche ich vergebens und schließe daraus, dass die Rotflügligen Heuschreckendamen keine Blauflügligen Heuschreckenherren mögen. So einfach kann Evolutionsbiologie sein.

Obwohl meine Tagesstrecke nur vier Kilometer beträgt, bin ich erschöpft, als ich Massily erreiche. Das letzte Stück durch den Ort fällt mir schwer, und ich verzichte darauf, die Kirche zu besuchen, die auf einem kleinen Hügel inmitten des Dorfes liegt. An der Straßenkreuzung wartet stattdessen eine geöffnete Kneipe auf mich

85 Oedipodia caerulescens.

und nachdem ich mich mit Kaffee und viel Wasser gestärkt und erfrischt habe, mache ich mich auf den Weg zurück.
Die Straßenkreuzung ist gut geeignet, um zu trampen und nach einer Viertelstunde hält ein Mercedes an. Ein älteres deutsches Ehepaar bringt mich zurück nach Taizé. Unterwegs erzählen sie mir, dass sie vor vielen Jahren an den Jugendtreffen teilgenommen hätten. Taizé habe sie sehr geprägt. Ihr ganzes Leben lang hätten sie die positiven Begegnungen in ihrer Erinnerung bewahrt und jetzt im Ruhestand wollten sie noch einmal diesen besonderen Ort besuchen.
Nach einem gemütlichen Grillabend und einer Zwischenübernachtung bei Patricia und Max in Saint-Jean-de-Vaux fahre ich 459 Kilometer nach Hause und bin zufrieden, die inzwischen weite Reise ohne Probleme selbstständig und vor allem ganz alleine geschafft zu haben.

Achtes Kapitel,

in dem ich »betreut« pilgere, Cluny kennenlerne, dem zauberhaften Gesang einer jungen Bretonin lausche und noch mehr seltene Heuschrecken entdecke …

Freitag, 27.September
Von Massily nach Moulin de Merzé 4,0 Kilometer
Samstag, 28. September
Von Moulin de Merzé nach Cluny 4,5 Kilometer
Sonntag, 29. September
Von Cluny nach Sainte Cécile 7,5 Kilometer
Montag, 30. September
Von Sainte Cécile nach Château de Montvaillant 5,5 km
Dienstag, 1. Oktober
Von Château de Montvaillant nach Fontaine Verdine 3.5 Kilometer
Mittwoch, 2. Oktober
Von Fontaine Verdine nach Tramayes 5,0 Kilometer
Donnerstag, 3. Oktober
Von Tramayes nach Pontcharras 3,8 Kilometer
Freitag, 4. Oktober
Von Pontcharras nach Trambly 5,0 Kilometer
Samstag, 5. Oktober
Von Trambly nach Matour 5,6 Kilometer

Alleine zu reisen, ist noch immer eine große Herausforderung. Es ist mir wichtig, meine Selbstständigkeit wiederzugewinnen. Auf diesem Weg bin ich weit gekommen, unvorstellbar weit, wenn ich daran zurückdenke, dass ich noch vor kurzem an den Rollstuhl gebunden war. Vielleicht, weil diese Entwicklung so unfassbar günstig verlaufen ist, muss ich mich immer wieder selbst vergewissern, dass es wahr und real ist: Ich kann wieder reisen, alleine und ohne fremde Hilfe! Gott sei Dank!

Alleine reisen zu können, heißt aber nicht alleine reisen zu müssen. Und so freue ich mich auf die letzte Etappe in diesem so ereignisreichen Pilgerjahr. Drei ehemalige Kollegen aus dem Umweltministerium wollen mich begleiten.

Herbert Volz, Michael Klein und Michael Schley konnten allerdings keinen gemeinsamen Termin finden.

Herbert Volz

So haben sie sich überlegt, mich zeitversetzt zu begleiten und quasi wie ein Staffelholz weiter zu reichen. Betreutes Pilgern. Den Anfang macht Herbert Volz, der ehemalige Chef der Obersten Forst- und Jagdbehörde. Bei Nancy verfahren wir uns, verlassen die Autobahn und stehen plötzlich in den Stadtrandgebieten von Nancy. Gemütlich zockeln wir nun über Landstraßen durch das verregnete Lothringen. Wir haben uns lange nicht mehr gesehen und es gibt viel zu reden.

»Habe ich Dir mal erzählt, dass meine Oma Katherina mich als Kind immer davor gewarnt hat, in den Wald zu gehen?«, will ich von Herbert wissen.

»Und natürlich habe ich mich an diese Warnungen nicht gehalten, sondern war mit meinem Opa Oskar ständig im Wald. ›Mein‹ Kletterbaum war eine knorrige Hainbuche, auf der ich viele Stunden zubrachte.«

Meine Oma, die eine einfache, sehr fürsorgliche, aber auch sehr ängstliche Frau war, hat mich nicht nur vor dem Wald gewarnt, sondern auch vor den Franzosen. Obwohl sie nie in ihrem Leben in Frankreich war und keinerlei negative Erfahrungen mit Franzosen gemacht hatte, saß diese Angst bei ihr sehr tief. So hielt ich es vor ihr geheim, dass ich große Teile meiner Kindheit im Wald verbrachte. Sie erfuhr auch nie, dass meine erste Freundin eine französische Kindergärtnerin war.

Was Oma wohl sagen würde, wüsste sie, dass ich tagelang und muttergottseeelenallein durch französische Wälder pilgere?
An der Côte d'Or haben wir die Regenfront durchquert und bei trübem, aber trockenem Himmel starten wir in Massily. Auf dem Freizeitweg gehen wir dann noch bis etwa fünf Kilometer vor Cluny. Wir wechseln die Talseite und während ich warte, geht Herbert entlang der D 981 zurück. Den Daumen im Wind wird er bald von einem Auto mitgenommen und erreicht mich nach einer knappen Stunde wieder. Wir beziehen ein kleines Hotel wenige Kilometer von Massily. Da Herbert noch nie in dieser Gegend war, stoppen wir am nächsten Morgen noch einmal in Taizé und kehren in die mittelalterliche Dorfkirche cin. Dann setzen wir unsere Pilgerwanderung auf dem Freizeitweg fort und erreichen bereits kurz nach Mittag Cluny.
Schon aus einiger Entfernung ist ein imposanter achteckiger Turm zu sehen. Ursprünglich besaß die Abteikirche sieben Türme. Doch nur dieser eine Turm blieb erhalten und entging den Abrissarbeiten nach der französischen Revolution. Als wir aus dem Tal der Grosne auf die Stadt zusteuern, fallen uns die zahlreichen Reitpferde auf. Gut hundert edle Reitpferde sind auf einem großen Platz außerhalb der Stadtmauer zu sehen. Eine

Von den sieben Türmen der Kirche von Cluny blieb nur der »Weihwasserturm« erhalten.

Zuschauertribüne wird gerade aufgebaut. Das Kloster, das 800 Jahre lang das Städtchen und für lange Zeit die Weltgeschichte geprägt hatte, wurde mit der französischen Revolution aufgehoben.

Auf Anordnung Napoleons wurde dann ein Pferdegestüt gegründet, das im 19. Jahrhundert zu den fünf bedeutendsten Gestüten Frankreichs gehörte. Auf dem Gelände der einstigen Abtei und aus den Abbruchsteinen der Abteikirche wurden Stallungen errichtet, die zeitweilig mehr als hundertfünfzig Zuchtpferde beherbergte. Bis zum heutigen Tag sind fünfundzwanzig Zuchthengste in diesem Gestüt aufgestallt. Cluny hat sich als bedeutendes überregionales Reitsportzentrum etabliert. Während der Sommermonate finden hier hochkarätige Pferdesportveranstaltungen statt und offenbar steuert die Stadt gerade auf die nächste Großveranstaltung zu.

Es ist noch früh am Tag und nach einer kurzen Stärkung in einem Straßencafé widmen wir uns der ehemaligen Abtei und ihrer Geschichte. Der ehemalige Eingangsbereich der Kirche liegt erhöht. Von hier hat der Besucher einen guten Überblick über die gigantischen Ruinen der Abteikirche. Für ein halbes Jahrtausend war die Abteikirche von Cluny die größte Kirche der Christenheit und wurde erst im 17. Jahrhundert durch

den Petersdom[86] übertroffen.
Dabei hatte alles klein und bescheiden angefangen. Die Kapelle[87], in der die neue klösterliche Gemeinschaft zunächst betete, war noch keine zehn Meter lang. Neugründungen von Klöstern waren in diesen bewegten Zeiten Aquitaniens zu Beginn des 10. Jahrhunderts nicht selten. Warum entwickelte sich ausgerechnet dieses kleine Samenkorn, das Wilhelm von Aquitanien I.[88] in diese entlegene Ecke seiner Grafschaft in die Erde gelegt hatte, zu einem so stattlichen Baum, der das Mittelalter entscheidend prägen sollte?
Wilhelm trug den Beinamen »der Fromme«. In Wirklichkeit war er jedoch ein Kriegsherr, der sein ganzes Leben hindurch in kriegerische Handlungen verwickelt war. Natürlich sollten die Mönche, die er im Tal der Grosne ansiedelte, für sein Seelenheil beten. Die Gründungsurkunde bestimmte jedoch auch, dass das Kloster unter dem Schutz des Papstes stehen sollte. Dieser Schutz bestand zwar nur auf dem Pergament der Urkunde, da zu dieser Zeit die Päpste[89] weder politische noch moralische Autorität besaßen. Doch Wilhelm

86 Der Petersdom in Rom wurde von 1506 bis 1626 erbaut.
87 Sog. »Cluny A«.
88 Guillaume d'Aquitaine.
89 Papst dieser Zeit war Sergius III., mit dem die Phase der »Pornokratie« im Vatikan begann.

sicherte der klösterlichen Gemeinschaft zu, ihren Abt frei wählen zu können. Gleichzeitig sicherte er ihnen die Unabhängigkeit von den Territorialherrschaften (und dem Bistum Mâcon) zu. Diese Freiheit war besonders und zu dieser Zeit völlig unüblich, gehörten doch Klöster bis zu diesem Zeitpunkt den weltlichen und kirchlichen Territorialfürsten, die Verwandte versorgten und diesen die Pfründe von Äbten zuschusterten. Die so Versorgten hatten jedoch alles andere als ein gottesfürchtiges Leben im Sinn. Diese Freiheit, die Cluny von Wilhelm geschenkt und in der Folge von den Päpsten immer wieder erneuert und urkundlich verbrieft wurde, strahlte weit über Cluny aus und erwies sich als äußerst attraktiv. Schließlich in der Blüte von Cluny hatten sich dem Klosterverbund 1.200 Klöster in ganz Europa mit 20.000 Mönchen angeschlossen. Die Mönche wählten kluge und integre Köpfe als ihre Äbte. Ihnen war oft ein langes Leben und damit eine immens lange Amtszeit vergönnt. So übte der vierte Abt Maiolus sein Amt vierzig Jahre aus, sein Nachfolger Odilo war erst 33 Jahre alt, als er gewählt wurde und blieb 55 Jahre lang Abt. Dessen Nachfolger wiederum, Hugo von Semur, war erst 25 Jahre alt, als er von den Mönchen zum Abt gewählt wurde und blieb es 60 Jahre lang. Innerhalb einer Zeitspanne von anderthalb Jahrhunderten hatten nur

Hugo von Semur, einer der großen Äbte von Cluny.

drei Äbte die Geschicke von Cluny bestimmt und für eine unglaubliche Kontinuität gesorgt.

In den zurückliegenden Wochen hatte ich mich in die Geschichte Clunys eingelesen[90] und meine Neugier

90 Wollasch (1996): Cluny – Licht der Welt. Aufstieg und Niedergang der klösterlichen Gemeinschaft

Zeitweilig lebten 1400 Mönche in Cluny.

Der beeindruckend schöne Kreuzgang blieb erhalten.

war hierdurch beständig gewachsen. Aber jetzt, wo ich im früheren Eingang der Kirche stehe und über die riesige Ruine blicke, kriege ich den Mund vor Staunen nicht mehr zu. Vor meinem geistigen Auge stelle ich mir vor, wie die 1.400 Mönche[91] an den hohen kirchlichen Festtagen in die Kirche einzogen, mehrmals am Tag beteten, und die Kirche durch ihren Gesang erschallen ließen.

Eigentlich bin ich von der heutigen Pilgeretappe erschöpft. Aber mein Vorwitz siegt und wir beschließen, das Museum zu besuchen und die wenigen noch erhaltenen Baureste zu besichtigen. Ursprünglich besaß die Kirche fünf Längsschiffe, zwei Querschiffe, sieben Türme und zwei Dutzend Kapellen, bevor der französische Staat Kirche und Klostergebäude öffentlich zum Verkauf als Steinbruch ausschrieb und schließlich an einen Abbruchunternehmer aus Mâcon verkaufte. Der Abbruchunternehmer leistete ganze Arbeit. Nur ein kleiner Teil des Bauwerkes blieb erhalten. Die Orientierung in der Ruine ist eine Herausforderung, doch helfen uns dreidimensionale Modelle, damit wir uns zurechtfinden. Gerade, als wir uns in der Kapelle in einem der Seitenschiffe orientieren, nehmen wir plötz-

91 Für das Jahr 1132 ist überliefert, dass es in Cluny 1212 Mönche und 200 Prioren gab!

lich ein lautes und helles Singen wahr. Wir schauen uns um und suchen die Quelle des Gesanges. Eine junge, bildhübsche Frau steht in den altehrwürdigen Ruinen unter freiem Himmel und singt mit kräftiger und glockenheller Stimme. Fasziniert lauschen wir dem unerwarteten Konzert. Weitere Besucher scharen sich um die junge Dame. In welcher Sprache singt die junge Frau? Ich verstehe jedenfalls kein Wort. Um eine romanische Sprache handelt es sich offensichtlich nicht. Nach etwa drei Minuten beendet sie ihr Konzert und die Umstehenden spenden kräftigen Applaus.

Ich spreche sie an, bedanke mich für das kleine Konzert und erfahre, dass sie ein bretonisches Volkslied gesungen hat. Das bretonische ist eine eigenständige Sprache, die zum keltischen Sprachkreis gehört. Kein Wunder, dass ich kein Wort verstanden habe.[92]

Während wir angeregt plaudern, beginnen einige der Umstehenden zu singen. Jetzt ertönen deutsche Kirchenlieder mit schwäbischem Akzent. Offenbar hat ein Kirchenchor aus Baden-Württemberg Cluny als Reiseziel ihres Vereinsausfluges gewählt und der Gesang der jungen Bretonin hat die Mitreisenden angeregt, einige Lieder aus ihrem Repertoire zu singen. Während der

92 Man schätzt, dass noch etwa 300.000 Menschen bretonisch sprechen und etwa doppelt soviele die Sprache verstehen.

Chor Strophe um Strophe singt, verabschiedet sich die bretonische Sängerin mit einem Lächeln. Für einen kurzen Moment überlege ich, das Konzert mit meinem Pfingstpsalm abzuschließen, doch verwerfe ich den Gedanken sogleich wieder.

Stattdessen schlendern wir gemütlich zum Stadtrand und trampen problemlos zu unserem Auto zurück. Mit einer bretonischen Fischsuppe lassen wir den ereignisreichen Tag im Hotel ausklingen. Am nächsten Tag führt der Weg weiter durch das Tal der Grosne.

»Heute werden wir mindestens sieben Milane sehen«,

Elegant und brandgefährlich. Gottesanbeterinnen fressen nach dem Sex ihre Männchen. Foto: Bernd Konrad

hatte ich großspurig beim Frühstück angekündigt. Doch so oft wir auch in den strahlend blauen Himmel schauen, kein einziger Milan lässt sich blicken. Stattdessen ist der Himmel voller Bussarde. Auch schön. Von dem sonnenbeschienen Steinboden fliegen wieder einige Rotflüglige Ödlandschrecken vor uns auf. Nach zwei, drei Metern landen sie wieder und sind sofort unsichtbar, weil Farbe und Musterung sie auf dem grauen steinigen Untergrund perfekt tarnen. Herbert ist Jäger und deshalb eher an größeren und essbaren Tieren interessiert, doch erträgt er tapfer meine ausführlichen Erklärungen zu der flugtauglichen Heuschrecke mit den roten Flügeln. Überhaupt scheint heute der Tag der Heuschrecken zu sein. Nur wenige Minuten später entdecke ich nämlich eine Gottesanbeterin am Wegesrand. Eine Erstbeobachtung für mich. Zwar hat sich diese große Fangschrecke in den letzten Jahren auch im Saarland deutlich ausgebreitet, doch habe ich noch nie eine in freier Wildbahn gesehen. Das Viech ist richtig groß. Satte acht Zentimeter lang, damit dürfte es sich um ein Weibchen handeln. Die Heuschrecken-Damen sind Kannibalinnen.[93] In ihrem ganzen Leben, das sowieso nur ein Jahr dauert, haben sie nur ein einziges Mal Sex. Und die Männchen haben sogar noch ein

93 In diesem Fall ist die weibliche Sprachform nun wirklich berechtigt!

kürzeres Leben. Denn sofort nach der Paarung werden sie nämlich von ihrer Herzensdame aufgefressen. Evolutionsbiologisch ist das durchaus sinnvoll, aber sympathisch ist mir das Verhalten dennoch nicht!

Trotzdem gehe ich vor Manthis religiosa auf die Knie. Aber nur, um das Tier fotografieren zu können. Und im Gegensatz zu den Ödlandschrecken, die sich jedem Versuch entziehen, sie abzulichten, lässt die Gottesanbeterin das Fotografieren regungslos über sich ergehen.

Gegen Nachmittag erreichen wir das kleine Dorf Sainte-Cécile mit seiner romanischen Dorfkirche, die den Namen der Heiligen Cäcilia trägt. Sie ist die Patronin der Kirchenmusik, weshalb viele Kirchenchöre ihren Namen tragen. Jedenfalls psalmodiere ich erst einmal lautstark, und als wir uns in der Kirche umschauen, entdecken wir eine Reihe von Tiermotiven, mit denen die Kirche ausgemalt ist. Hier ein Feldhase, dort ein Reh, aber auch Reiher und Schnepfe sind zu sehen. Die Malereien sind offensichtlich zeitgenössisch. Heiter und farbenfroh schaffen sie ein angenehmes Ambiente. Das Dorf hat nur 280 Einwohner. Entsprechend gering ist das Verkehrsaufkommen.

Aber schon das zweite Auto hält und nimmt uns mit nach Cluny. Im Office de Tourisme hilft uns ein engagierter junger Mann, eine Unterkunft zu organisieren und nach einem Telefongespräch beziehen wir eine Suite im besten Haus am Platz zum Pigerdiskount. Das »Hotel de Bourgogne« ist in einem der Kirchenschiffe errichtet. Von unseren Fenstern aus blicken wir auf die riesigen Fundamente der Säulen des ehemaligen Hauptschiffes der einst größten Kirche der Christenheit.

Am nächsten Morgen bringt mich Herbert wieder nach Sainte-Cécile. Die Dorfkirche ist an diesem Montagmorgen verschlossen. Pünktlich um 10 Uhr findet der vereinbarte Stabwechsel statt. Herbert fährt wieder

Die Ödlandschrecken sind auf dem Boden sitzend bestens getarnt!

nach Hause und ich werde in die Obhut von Michael Klein übergeben, der mich die nächsten beiden Tage begleiten wird. Ebenfalls mit dabei sind Regina, die Lebensgefährtin von Michael, und die vierzehnjährige Beagle-Dame Emma. Vierzehn Jahre sind für einen Hund ein wahrhaft biblisches Alter. Verständlich, dass die betagte Hundedame nicht mehr gut zu Fuß ist. Sie braucht daher nicht zu laufen, sondern wird in einem batteriegetriebenen Golf-Caddy geschoben.

Was für ein Bild! Ein humpelnder Pilger und ein altersschwacher Beagle ziehen über die schmale Landstraße nach Süden.

»Es sind nicht einmal mehr 1.500 Kilometer«, erkläre ich dem Beagle. Doch Emma ist das offensichtlich egal. Genüsslich hat er sich auf seiner Decke in dem zweirädrigen Wagen eingerollt.
Die kleine Landstraße folgt dem Tal der Grosne bis nach Mazille. Ein Straßencafé kommt uns sehr gelegen und wir legen eine ausgedehnte Mittagspause ein. Regina ist erschöpft und wir beschließen, uns zu trennen. Sie wird mit Emma im Café warten und Michael wird zurückgehen, um das Auto zu holen, während ich alleine weitergehe. Als Treffpunkt machen wir das Château de Montvaillant aus. Das Landschlösschen befindet sich in Privatbesitz und ist für die Öffentlichkeit nicht zugänglich. Michael hat Regina und Emma eingesammelt und anderthalb Stunden später kommen wir fast zeitgleich am Schloss an. Nun gilt es eine geeignete Unterkunft zu finden. Und wieder einmal habe ich großes Glück. Im Nachbarort Brandon finden wir traumhafte Fremdenzimmer in einer Villa, die inmitten eines kleinen Landschaftsparks mit altem Baumbestand liegt. Gebäude sowie Zimmer sind geschmackvoll und sehr stilvoll restauriert.
Zunächst mustern die Vermieter die unangemeldeten Pilger, die verschwitzt, humpelnd und erschöpft vor ihrer Tür stehen, mit erkennbarer Skepsis. Doch nehmen

sie uns schließlich auf und entpuppen sich als aufmerksame und gute Gastgeber.

»Alles an diesem Anwesen erinnert mich an eine Kulisse eines Rosamunde-Pilcher-Filmes«, lasse ich Michael und Regina wissen und ergänze »Jetzt fehlt nur noch die junge Reiterin, die von ihrem aufbäumenden Pferd stürzt und direkt in meine Arme fällt.«

Aber auch ohne dieses Ereignis fühlen wir uns in dem edlen Ambiente rundum wohl und sind froh für die beiden kommenden Nächte eine perfekte Bleibe gefunden zu haben. Den Abend wollen wir in Cluny verbringen und nach einer wohltuenden Dusche und einem kurzen Erholungsschlaf fahren wir in das zwölf Kilometer entfernt liegende Cluny.

Am Morgen war mir dort am Stadtrand ein Restaurant aufgefallen »Chez Heloïse«. Nun ist Héloïse kein häufiger Name. Genau genommen kenne ich nur eine »Héloïse«. Und diese »Héloïse« hat bereits vor neunhundert Jahren gelebt. Héloïse und Abelard, eine grausig-schöne Liebesgeschichte. Während die Geschichte von Romeo und Julia den meisten Menschen auch heute noch bekannt ist, ist die Geschichte von Héloïse und Abelard weitgehend in Vergessenheit geraten. Auch Regina und Michael wissen nicht, welches Drama sich im 12. Jahrhundert abgespielt hat.

»Ich versuche im ›Chez Héloïse‹ einen Tisch zu reservieren«, schlage ich Michael und Regina vor.

»Sagt euch der Name ›Héloïse‹ etwas?«, will ich wissen. Die beiden zucken mit den Schultern.

Leider ist in dem Restaurant »Chez Héloïse« an diesem Abend kein Tisch mehr zu bekommen und wir weichen in die Innenstadt von Cluny aus, wo wir im »Café de Paris« ein gemütliches Plätzchen finden. Hier habe ich bereits am Vorabend mit Herbert gegessen und beginne mich zuhause zu fühlen. Die Neugier von Michael und Regina habe ich geweckt und sie bitten mich, die Geschichte von Héloïse zu erzählen.

»Héloïse war eine sehr begabte junge Frau, die von ihrem Onkel in Paris erzogen wurde«, berichte ich Regina und Michael, als wir zum Abendessen Platz genommen haben.

»Und dieser Onkel, Fulbert mit Namen, suchte für seine hochbegabte Nichte einen Hauslehrer. Der Beste war ihm gerade gut genug. Er fand ihn in Petrus Abelardus, einem der klügsten und gebildetsten Männer seiner Zeit. Fulbert beauftragte Abélard als Hauslehrer, Héloïse in Griechisch, Philosophie und Theologie zu unterrichten. Und es kam so, wie es kommen musste. Die 22-jährige Schülerin und der 39-jährige Professor verlieben sich ineinander und wurden ein Paar.[94] Die Beziehung ließ sich nicht mehr verheimlichen, als Héloïse schwanger wird. Abelard steht zu Héloïse, hält bei ihrem Vormund Fulbert um ihre Hand an. Fulbert ist alles andere als begeistert. Kurze Zeit später schickt er in der Nacht zwei seiner Diener, die Abélard kurzerhand entmannen. Schwerverletzt und mit hohem Blutverlust überlebt Abélard. Nun wird er Mönch und tritt in das bedeutende Benediktinerkloster »Saint-Denis«.

94 »Plura erant oscula quam verba« schreibt Abelard selbst in seiner ›Historia Calamitatum‹.

Auch Héloïse[95] nimmt den Schleier und wird Benediktinerin, zunächst im Kloster Argenteuil, nicht weit von Paris, dann siedelt sie sich mit einigen Schwestern in Paraklet an, der ehemaligen Einsiedelei von Abélard. Héloïse und Abélard blieben ihr ganzes Leben lang miteinander verbunden.[96] Es hat dann aber mehr als 500 Jahre gedauert, bis ihre sterblichen Überreste vereint wurden und heute gemeinsam auf dem Pariser Friedhof Père Lachaise ruhen. Aber das ist wiederum eine andere Geschichte.«

Gerade noch rechtzeitig, um uns vor dem Hungertod zu bewahren, ist das Abendessen angekommen, und wir wenden uns wieder anderen Themen zu. Ob es sich bei der Héloïse, die dem Restaurant den Namen gegeben hat, um jene Héloïse aus dem 12. Jahrhundert handelt, oder ob es sich nur um eine zufällige Namensgleichheit handelt, bleibt im Dunkeln. Aber ich nehme mir vor, die kommenden Wintermonate zu nutzen, um dieser Frage nachzugehen.

Die Morgensonne scheint auf den hübsch gedeckten Frühstückstisch. Ich habe die Landkarte ausgebrei-

---

95 Zuvor hat sie den gemeinsamen Sohn »Astralabus« im Heimatort von Abelard zur Welt gebracht. Dieser wächst in der Familie des Vaters auf.

96 Der Briefwechsel von Abelard und Héloïse blieb erhalten und hat Rousseau zu seinem Briefroman »Julie ou la Nouvelle Héloise« inspiriert.

tet und schaue mir an, welche Etappe heute vor uns liegt. Wir werden das Tal der Grosne verlassen und zu der Hügelkette aufsteigen. Regina teilt mir mit, dass Emma und sie nicht mitkommen werden. Stattdessen wird sie Fahrdienste übernehmen und wir vereinbaren einen Treffpunkt für den Nachmittag. Doch zunächst bringt Regina Michael und mich zum Château de Montvaillant, dem Ausgangspunkt unserer heutigen Etappe. Die Morgenluft ist noch frisch und angenehm kühl, doch schnell steigen die Temperaturen an. Nach einer guten Stunde legen wir eine erste Rast ein. Auf einem Polder mit dicken Douglasienstämmen finden wir eine Sitzgelegenheit. Ausgerechnet Douglasien. »Douglasien sind die Fettaugen auf der Suppe.« Diese schräge Metapher bekam ich häufig von Michael Klein zu hören in der Zeit, in der er Betriebsleiter von SaarForst war, und ich als Forstminister seiner Aufsichtsbehörde vorstand. Er meinte damit, dass die schnellwachsende Douglasie ein wirtschaftlich ertragreicher Baum sei. Dumm nur, dass diese Baumart als nicht mehr einheimisch galt. In den Eiszeiten war sie in Europa ausgestorben und wurde vor rund hundertfünfzig Jahren aus Nordamerika wieder zurückgebracht. Ein Spätheimkehrer sozusagen. Da wir im Rahmen des naturgemäßen Waldbaues konsequent auf Naturver-

jüngung setzten, nahmen wir auch die Douglasie in der Bestandsentwicklung mit, wenn sie sich selbst in den Wäldern verjüngte.
Von unserem Rastplatz aus lassen wir den Blick über das Tal der Grosne schweifen. Die Landschaft ist ausgedörrt. Am Gegenhang verborgen in einem parkartigen Baumbestand liegt unsere Rosamunde-Pilcher-Herberge.
Als wir schließlich weitergehen, geht die schmale Teerstraße in einen steinigen Feldweg und dann in einen felsigen Fußweg über. Einzelne knorrige Esskastanien spenden willkommenen Schatten. Der Aufstieg ist mühsam, und ein um das andere Mal lege ich kurze Verschnaufpausen ein. Um Kraft zu sparen, habe ich das Reden vorerst eingestellt und konzentriere mich auf den steilen Aufstieg. Gut, dass Emma und Regina im Tal geblieben sind. Kurz bevor wir den Höhenkamm erreicht haben, gelangen wir zu einer Schichtquelle, die auch jetzt am Ende dcs langen und trockenen Sommers noch Wasser führt. Auf einer kleinen Ruhebank legen wir eine weitere Pause ein und bilanzieren die Tagesetappe. Zwar waren es nur 3.5 Kilometer. Aber die hatten es in sich. Über den steilen Anstieg haben wir 300 Höhenmeter bewältigt und dabei atemberaubende Fernblicke genossen. Außerdem haben wieder

einige Blauflüglige und Rotflüglige Ödlandschrecken unseren Weg gesäumt. Auch eine weitere »Gottesanbeterin« hat sich blicken lassen.

Kaum haben wir den Höhenweg erreicht, schlägt das Wetter um. Ein leichter Wind kommt auf und aus den dunklen Wolken fallen dicke Regentropfen. Regen, den die Landschaft so dringend braucht. Wir gehen noch eine halbe Stunde durch den wohltuenden Regen. Dann kommt uns Regina mit dem Auto entgegen und sammelt uns auf.

Auch der nächste Tag beginnt mit Wind und leichtem Regen. Trotz der Strapazen vom Vortag habe ich die Spastik gut im Griff. Wieder gehen Michael und ich alleine. Über den Höhenweg erreichen wir nach fünf Kilometern Trambly, wo Regina und Emma auf uns warten. Das Dorf hat zwar nur 400 Einwohner, verfügt aber immerhin über eine Dorfkneipe. Nachmittags unternehmen wir noch einen kleinen Abstecher in das dreißig Kilometer entfernte Solutré, einen der bedeutendsten prähistorischen Fundstätten. Die berühmten Felsen liegen in der Nachmittagssonne.

Betreutes Pilgern. Selbst, wenn ich wollte, ich hätte nicht die geringste Chance vom rechten Weg abzukommen. Am Morgen waren wir, diesmal in Begleitung von Regina und Emma, an der Dorfkneipe von

Trambly gestartet und hatten das Dorf über einen kleinen Hangweg vorbei an Hausgärten und Obstwiesen verlassen. Das Thermometer zeigte nur drei Grad Celsius. Doch taucht die Morgensonne die Landschaft in ein goldenes Licht.

Nach etwa zwei Kilometern macht Emma schlapp und weigert sich nun weiterzugehen. Michael muss die alte Hundedame fortan tragen. Nach weiteren drei Kilometern stößt Michael Schley auf offener Strecke zu uns und ich werde wie ein Staffelholz an ihn weitergereicht. Noch ein gemeinsamer Kaffee in unserer Kneipe in Trambly, dann fahren Michael Klein, Regina und Emma wieder Richtung Heimat und Michael

Müde Krieger: Michael und Emma.

Schley übernimmt nun meine Begleitung. Betreutes Pilgern eben. Michael hat eine lange Anfahrt hinter sich und wir beschließen, an diesem Tag nicht weiter zu pilgern, sondern stattdessen gemütlich nach Matour zu fahren und uns dort eine Bleibe für die Nacht zu suchen. Matour ist eine typische französische Kleinstadt. Zwar leben nur etwa 1.200 Einwohner in dem beschaulichen Nest. Trotzdem scheint es alles zu geben: Bank, Boulangerie, Metzgerei, ein repräsentatives Rathaus und sogar ein »Office de Tourisme«. Nur keine Übernachtungsmöglichkeit. Die private Pension renoviert gerade ihre Fremdenzimmer und kann leider keine Gäste aufnehmen. Da auch das Fremdenverkehrsbüro inzwischen geschlossen hat, nutzen wir die Segnungen des Internets und finden eine Unterkunft in einer alten Mühle knapp dreißig Autominuten von Matour entfernt.

Die Sonne steht tief und taucht die harmonische Landschaft in ein warmes Abendlicht. »Été indien«[97], nennen die Franzosen den Altweibersommer. Ist es kulturelle Aneignung[98] von »eté indian« oder »Indian

97 Oder auch »été de Saint Martin«

98 Der Ausdruck kulturelle Aneignung meint die Übernahme eines Elements oder mehrerer Elemente einer Kultur durch Angehörige anderer Kulturen. Diese Praxis ist vor allem dann umstritten, wenn sich Mitglieder dominanter Kulturen Elemente von Minderheitskulturen aneignen.

Spätsommer im Charolais.

Summer« zu sprechen? Ich stehe dazu. Mein ganzes Leben lang habe ich mich voller Entdeckerfreude für andere und fremde Kulturen interessiert. Und selbstverständlich habe ich auch von ihnen gelernt und dabei manches, nicht nur Wörter und Begriffe übernommen. Und nun wollen mir politische Ideologen beibringen, das sei »kulturelle Aneignung« und damit zu unterlassen. Nein danke. Ich bleibe dabei. Kulturelle Aneignung ist allemal besser als kulturelle Abneigung!

Wie genießen die Abendsonne des »été indien«, die die unspektakuläre, aber wunderschöne Kulturlandschaft Burgunds in ein warmes Licht taucht. Inmitten dieser friedlichen und harmonischen Landschaft taucht auf einer kleinen Anhöhe urplötzlich eine kleine Kirche auf, die wir ohne zu zögern ansteuern.

Die Kirche[99] ist ein wahres Schmuckstück. Errichtet im späten 11. Jahrhundert hat sie die Jahrhunderte unbeschadet überstanden. Was für eine Bauqualität! Offensichtlich verstanden die Menschen im Mittelalter etwas von Nachhaltigkeit, 700 Jahre bevor es das Wort gab![100] Aber nicht nur die Bauqualität begeistert mich, auch die Proportionen, der Lichteinfall durch die kleinen Rundbogenfenster, die Dachlandschaft, der kleine halbkreisförmige Chor mit seinen drei Fenstern. Es stimmt einfach alles.

»Hast du gewusst, dass wir heute noch an dieser Dorfkirche vorbeikommen?«, will Michael wissen.

»Nein«, antworte ich, »vor fünf Minuten habe ich noch nicht einmal von der Existenz dieses Schmuckstückes gewusst. Und wenn wir in Matour eine Unterkunft gefunden hätten, wären wir nie im Leben hier vorbeigekommen. Aber so ist das eben nun mal beim Pilgern. Immer wieder tauchen völlig unerwartete

99 Pabst Urban II. erwähnt 1095 den Ort Saint-Mamert. Und Abt Hugues de Semur stellt die Kirche unter das Patrozinium des Heiligen Johannes des Täufers.

100 1713 führt Carl von Carlowitz in seinem Buch Sylvicultura oeconomica den Begriff ›Nachhaltigkeit‹ ein.

Ein wahres Schmuckstück im Tal der Grosne: Saint-Mamert (11. Jhd.).

Überraschungen auf.« Und ergänze augenzwinkernd: »Was wir heute als eine ›Aneinanderreihung ganz unglaublicher Zufälle‹ bezeichnen, das hieß im Mittelalter noch ›Fügung‹. Man muss schon einigermaßen blind oder ziemlich borniert sein, wenn man beim Pilgern nicht bemerkt, wie viele Wunder auch im 21. Jahrhundert, noch täglich auf dem Pilgerweg geschehen. Und nicht nur dort!«

Michael lächelt. Ich weiß, dass er als aktiver Katholik mit einer solchen Aussage etwas anfangen kann.

Natürlich schmettere ich noch meinen Psalm durch die uralte Kirche. Michael will einstimmen, scheitert aber an meinen wechselnden Tonlagen. Trotz Navigationssystem haben wir einige Mühe unsere Unterkunft zu finden. Schließlich erreichen wir die alte Mühle am Ende eines Tales und werden in deutscher Sprache von Dirk begrüßt.

Dirk, ein Zimmermann aus Norddeutschland, erklärt uns, dass er seit zwei Jahren in dieser Mühle mit Anne und ihrer Familie zusammenlebt. Zunächst beziehen wir unsere Zimmer. So archaisch die Mühle auch von außen ausschaut, so modern und frisch sind die Zimmer gestaltet. Mir wird das »Prinzessinnenzimmer« zugeteilt, das mit viel Glitzer ganz in lila und rosa gestaltet ist. Tief, fest und traumlos schlafe ich eine gute

Stunde, bevor Michael an die Tür klopft und mich zum Abendessen ruft. Gemeinsam mit Anne und Dirk verbringen wir einen gemütlichen und interessanten Abend. Die beiden erzählen, dass sie sich vor zwei Jahren bei einem »Indianer«-Treffen in Deutschland kennengelernt hätten. Schon nach kurzer Zeit habe sich Dirk entschlossen, seinen Job als Zimmermann in einer norddeutschen Behinderteneinrichtung aufzugeben. Im wahrsten Sinne des Wortes habe er sein Zelt hier aufgeschlagen und lebe mit Anne seither in einer einfachen Jurte im Wald, wenige hundert Meter von der Mühle entfernt. Vorbild seien die Lakota-Indianer, die zur Gruppe der Sioux gehörten und als Prärieindianer vor allem von der Jagd und dem Fleisch der Bisons lebten. Da es im Süden Burgunds aber weder Prärien noch Bisons[101] gibt, habe sich das deutsch-französische Lakota-Paar zu einer vegetarischen Ernährungsweise entschlossen.

An zwei Tagen in der Woche gibt Anne jedoch das Indianerleben auf. Statt barfuß in den Wäldern nach Beeren und Kräutern zu suchen, fährt sie in das siebzig Kilometer entfernte Lyon und unterrichtet dort an einem Gymnasium italienisch – ganz bürgerlich. Was

101 Auch die europäische Schwesterart des Bisons, das Wisent, gilt in Frankreich seit dem Mittelalter als ausgestorben.

es nicht alles gibt! Gerne beantworten die beiden unsere interessierten Fragen und erzählen ausführlich von Sprache, Kultur und Lebensweise der Lakota.
»Domaine des possibles« (Landgut der Möglichkeiten) hat die Familie ihre alte Mühle getauft. Der Name ist Programm. Klar, dass auf dem ausgedehnten Grundbesitz der Mühle auch Lakota-Indianer alle Möglichkeiten haben, wenn auch keine Bisons.
Am nächsten Morgen frühstücken wir mit der gesamten Familie. Vier Generationen leben unter dem Dach der Mühle. Vor einigen Jahren sei die Familie aus der Großstadt Lyon weggezogen und habe sich für ein gemeinsames Leben auf dem Land entschieden. Hier habe man gefunden, was man in der Stadt vermisst habe. Ruhe, Natur, Platz, kurzum viele Möglichkeiten ein individuelles Leben zu gestalten. Das Wichtigste sei jedoch, dass man als Familie zusammenleben könne. Der Name »Domaine des possibles« habe sich fast zwangsläufig ergeben. Stolz zeigt uns die Urgroßmutter Fotos von einer weiteren bildhübschen Enkeltochter, die in Paris lebe. »Sie lebt mit einem echten Wolf zusammen und ich hoffe, dass sie ebenfalls in der nächsten Zeit zu uns in die Mühle übersiedeln wird.« erzählt uns die Urgroßmutter schmunzelnd »Paris ist doch nun wirklich nicht der beste Lebensraum für Wölfe.« Offensichtlich

scheint es in der Familie eine ganze Schar ausgeprägter Individualisten zu geben …

Am nächsten Tag stellen wir das Auto am Ortsrand von Pontcharras ab und laufen über Saint-Lèger-sous-la-Bussière nach Trambly. Trotz leichten Regens habe ich die Spastik gut im Griff.

Michael und ich haben uns viel zu erzählen. Wir erinnern uns an die gemeinsame Zeit im Umweltministerium. Für einige Jahre war er mein Persönlicher Referent. Es war seine erste Arbeitsstelle, die er als frischgebackener Volljurist mit großem Eifer und Idealismus ausübte. Wir erinnern uns an zahlreiche amüsante Begebenheit. Oft menschelte es aber auch, und manchmal gab es auch Spannungen zwischen Kollegen und Mitarbeitern.

»Hast du die Konflikte damals nicht wahrgenommen oder hast du sie einfach nur ignoriert?«, will Michael von mir wissen.

»Wenn Menschen unter großer Arbeitsbelastung zusammenarbeiten, sind Spannungen unvermeidlich«, antworte ich ihm, »und außerdem war ich euer Chef, aber nicht euer Erziehungsberechtigter.«

Während wir durch die frühherbstliche Landschaft gehen, erfahre ich Neues. Gerade hat Michael eine neue Arbeitsstelle angetreten. Seit einigen Tagen ist er neuer kaufmännischer Direktor des Weltkulturerbes »Alte Völklinger Hütte« – eine spannende Aufgabe. Zwei Jahre lang gehörte Michael als Nachrücker dem saarländischen Landtag an und ausführlich tauschen wir uns über die aktuellen Entwicklungen in der Landespolitik aus. AKK[102] ist in die Bundespolitik gewechselt und Tobias Hans hat ihre Nachfolge angetreten. Ob er das Format und die Reife besitzt, diese Aufgabe erfolgreich wahrzunehmen? Ich melde Zweifel an, während Michael von Tobias überzeugt ist. Die nächsten Jahre werden es zeigen, ist der gemeinsame Nenner, auf den wir uns einigen können.

»Vermisst du eigentlich die Politik?«, will Michael wissen.

»Nein, ganz gewiß nicht«, antworte ich wie aus der Pistole geschossen. »Auch, wenn ich geschlagene zehn Jahre Mitglied der Landesregierung war, so ist mir doch immer klar gewesen, dass Politik Verantwortung auf Zeit ist. Obwohl mir die Aufgabe sehr viel Spaß gemacht hat, immer war mir bewusst, dass es auch noch eine Zeit nach der Politik geben würde. Mit diesem Bewusstsein ist mir der Abschied aus der Politik nicht schwergefallen. Alles hat seine Zeit.«

Für einen kurzen Moment bleibe ich stehen und füge

102 AKK = Kürzel für Annegret Kramp-Karrenbauer.

schmunzelnd hinzu: »Ich bin froh, dass ich aus der Politik ausgeschieden bin, bevor die ›déformation professionelle‹ eingesetzt hat.«

Wir trampen zurück. Für Michael, der der »Generation Golf« angehört, ist es das erste Mal. Wir warten nicht einmal fünfzehn Minuten, bis das erste Auto hält, und uns zum Aufgangspunkt zurückbringt. Ein weiterer schöner Abend wartet auf uns. Norbert und Walburga legen auf dem Rückweg ihrer Urlaubsreise nach Spanien einen Zwischenstopp und eine Übernachtung in unserer Mühle ein und haben sich rechtzeitig zum Abendessen angekündigt. Bei einer guten Flasche Wein (oder waren es zwei?) berichten die beiden von ihrer Spanien-Reise und wecken meine Vorfreude. Es wird zwar noch ein paar Jahre dauern, aber irgendwann werde ich auch durch Spanien pilgern – so Gott will!

Das Pilgerjahr und der Sommer gehen zu Ende. Das sonnige Spätsommerwetter der letzten Tage werden durch die ersten grauen Herbsttage abgelöst. Am Himmel haben sich nun die Wolken durchgesetzt. Der bewölkte Himmel gibt der dünn besiedelten Landschaft mit ihren Weilern nun ein melancholisches, fast tristes Aussehen.

An den letzten Tagen waren in den kleinen Dörfern wenigstens noch vereinzelt Menschen in den Gärten

Saarländer-Treffen in der Domaine des Possibles.

und auf den Straßen zu sehen, doch nun hat sich das Leben gänzlich in das Innere der Häuser verlagert. Es riecht nach Holzfeuer und aus den Schornsteinen steigt eine dünne Rauchfahne auf. Die Bäume sind zwar noch nicht bunt gefärbt, doch der beginnende Herbst lässt sich nicht mehr leugnen.

Alles hat seine Zeit! Heißt es im Alten Testament.[103] Einmal mehr beeindruckt mich die Weisheit der Bibel. Bereits im dritten vorchristlichen Jahrhundert vermittelt der Verfasser eine heitere Gelassenheit gegenüber den Wechselfällen des Lebens. Es gibt Dinge, die sich

103 Buch Prediger 3, 1-11.

nicht ändern lassen. Dazu gehört der Herbst ebenso, wie der Prozess des Alterns, Krankheit und Tod. Aber anstatt darüber zu klagen und ins Leid zu fallen, empfiehlt die Bibel eben jene heitere Gelassenheit, das Unvermeidliche anzunehmen, und das Beste daraus zu machen. Ja, ich bin seit nun sieben Jahren halbseitig gelähmt. Und ja, ich habe große Fortschritte gemacht. Größer, als ich zu hoffen wagte, und viel größer als die Ärzte mir zutrauten. Und doch: Ich bin behindert und werde es bleiben – zeitlebens. Na und?

Aber ich habe das Unvermeidliche angenommen und ein anderes, ein neues Leben gefunden.

Alles hat seine Zeit! Gott sei Dank!